Frederico e outras

Histórias de Afeto

©Gilberto Schwartsmann, 2013
©Gilberto Schwartsmann, 2020

Direitos da edição reservados à Libretos.

Rua Pery Machado 222B/707
Porto Alegre/RS
CEP 90130-130

www.libretos.com.br
libretos@libretos.com.br

Coordenação Editorial e Edição de Arte

Clô Barcellos

Revisão

Célio Klein

Arte na capa

Gravura em madeira de Honoré-Victorien Daumier
...Inspection attentive de la langue... (Le docteur et le malade.)
66 mm x 46 mm (2.6 x 1.81 inches).
Publicada em Muséum Parisien. Paris, Beauger et Cie, Aubert, 1841.
One volume grand in-8, 395 pp.

Honoré-Victorien Daumier (1808-1879) foi um caricaturista, chargista, pintor e ilustrador francês. Ele foi conhecido em seu tempo como o "Michelangelo da caricatura". Ele também é considerado um dos mestres da litografia.
http://www.daumier-register.org

Frederico e outras

Históricas de Afeto

Gilberto Schwartsmann

1ª reimpressão

Porto Alegre, 2020

Dados Internacionais de Catalogação na Publicação:
Bibliotecária Daiane Schramm – CRB-10/1881

S399f   Schwartsmann, Gilberto
           Frederico e outras histórias de afeto. / Gilberto
       Schwartsmann. – Porto Alegre: Libretos, 2020.
         140p.; 16cm x 22cm.
         1ª reimpressão.

         ISBN 978-85-88412-80-4

         1. Literatura. 2. Contos. 3. História. I. Título.

                                        CDD 869

Um paciente disse que sua vida era como uma fita métrica.
Via-se nos últimos centímetros.
Sempre que posso, imagino em que parte da fita me encontro.
E saboreio meu tempo.

Gilberto Schwartsmann

SUMÁRIO

Colega / 9
O terreno / 13
104 / 17
A Copa / 25
Frederico / 29
Cisne branco / 35
Um bom cinema / 41
Legítima defesa / 43
Sorte no trabalho / 49
A cirurgia / 51
Seu Verardi / 55
O preço da vida / 59
Namoro no avião / 63
Paternidade / 67
Kasparov do Nordeste / 75
Reencontro / 81
Palavra mágica / 87
Adeus / 93
Minha menina / 99
Preço da solidão / 103
Pacto familiar / 107
O papelzinho / 111
Velho lobo do mar / 113
Vaidade / 117
Como meu avô / 123
Medicina na internet / 127
Corações generosos / 131
Médico de verdade / 133
Sobre o autor / 139

COLEGA

Ele e eu não tivéramos nenhuma proximidade durante aquele primeiro semestre da Faculdade de Medicina. Uma vez, eu o vira conversando com uns colegas sobre qualquer coisa sem importância, relacionada às provas de final de ano. Mas não falamos um com o outro.

Outra vez, lembro que o encontrara sentado, sozinho, tomando um café no bar da Faculdade de Arquitetura. Fiquei na dúvida se deveria ou não me aproximar de sua mesa e cumprimentá-lo. Não tínhamos intimidade para isso. Mas eu sabia que éramos colegas de turma.

Não sei se chegara a me aperceber de que, nos últimos tempos, deixara de frequentar as aulas. Não tenho certeza. Os colegas depois disseram-me que sim. Ele parecia menos interessado nos assuntos da faculdade. Falaram-me depois que, nos últimos tempos, passara o tempo todo olhando para a paisagem, através da janela. Dando a impressão de estar longe.

Era início do mês de agosto. Depois das férias de julho, as aulas recomeçavam. Naquela manhã ensolarada e muito fria, eu e ele caminhávamos em sentidos opostos pelo Parque da Redenção. Eu, em direção ao antigo prédio da Faculdade de Medicina, para assistir à aula inaugural de fisiologia. Ele, estranhamente, fazia o trajeto em sentido contrário, com o olhar distraído, certamente triste, como quem retornava de lá.

Tentei cumprimentá-lo, mas ele nem me olhou. Não sei se me reconheceu. Seguiu em sua marcha rápida, e acabou desaparecendo na estrada de chão batido que corta o Parque da Redenção.

Até então, eu nunca o saudara formalmente na faculdade. Não éramos amigos. Não seria agora, em meio ao Parque da Redenção, às sete e meia da manhã, que eu o cumprimentaria. Nunca havíamos sido apresentados um ao outro. Mas era um de meus colegas de turma.

Fiquei pensando se não teria sido mais correto perguntar o que estava acontecendo com ele, pois deveria haver algo de errado. Não seria hora de caminhar na direção contrária. Ele deveria estar andando, com seus passos rápidos, no mesmo sentido que eu. Nossa aula começaria às oito horas em ponto.

Em dez minutos, eu já chegara ao prédio da faculdade. Subi os degraus de acesso ao primeiro andar. Entrei na sala, acomodando-me em minha cadeira. E assisti à aula inaugural. Depois, fui ao bar e tomei um café. Teríamos atividades no período da tarde. Mas senti algo estranho no ar.

Havia uma movimentação, que vinha da portaria do prédio. Uma amiga veio em minha direção com lágrimas nos olhos. Disse que Paulo, nosso colega de turma, havia se matado. Dera um tiro na cabeça. No apartamento que compartilhava com um rapaz de Criciúma, estudante da Faculdade de Engenharia.

O zelador do prédio, na Rua Oswaldo Aranha, próximo ao Instituto de Educação, escutara um estampido vindo de seu apartamento e chamara a polícia. Os policiais arrombaram a porta e encontraram o corpo de Paulo caído, morto, no chão da cozinha.

"Paulo? Que Paulo?", perguntei, assustado. "Paulo Renato, nosso colega", ela respondeu. A frase golpeou-me como se fosse um soco no estômago. "Mas eu cruzei com ele hoje cedo, no Parque da Redenção...", disse, perturbado.

"Ele parecia triste?", perguntou-me ela. "Não sei dizer. Acho que nem nos cumprimentamos", respondi. Minha colega e eu ficamos por ali, sem saber o que fazer. Depois, decidimos descobrir o horário do sepultamento.

Demorou várias horas para que o corpo fosse liberado pela polícia. Fomos todos ao velório. A família foi chegando aos poucos. Aproximei-me dos pais e dei meus pêsames. O pai tinha o cabelo grisalho, penteado para trás. Lembrava meu pai. Havia uma tristeza enorme nos olhos daquela gente. Como eu, imagino que não entenderam o que se passara naquela manhã.

Pensei em minha parcela de culpa naquele trágico evento. "Provavelmente nenhuma", presumi. A verdade é que passei meses me corroendo por dentro. Imaginando como teria sido se eu tivesse interrompido sua trajetória. Ele vinha na direção contrária à minha. Alguma razão deveria ter para não ir à aula. E andar perambulando pelo parque tão cedo naquela manhã.

Explorei situações imaginárias, nas quais eu evitaria o suicídio. Fazendo-o parar, respondendo a um aceno meu. Quem sabe, conversasse comigo. Então perguntaria as razões de não querer ir à aula. Por fim, ele acabaria por confessar o que o deixava tão triste. Eu o faria sorrir, dando-lhe novo ânimo.

Mas a realidade era outra. O fato é que meu colega, a quem eu reconhecera como um de meus pares, mas com quem nunca sequer trocara um aperto de mão, estava morto. Suas razões deveriam ser mais fortes.

Lamentavelmente, naquele segundo em que nos cruzamos em sentidos opostos no parque, não pude resgatá-lo. Nem mudar seu destino. Bem no íntimo, algo me dizia que ele não estava bem. O olhar era vazio demais para que eu não desconfiasse do pior. Mas minimizei o fato. Falhei como ser humano. Não percebi que não era hora de voltar. E, sim, hora de ir. Eram sete e meia da manhã. Eu e todos caminhávamos em direção à aula. Só ele é que voltava.

Deveria tê-lo detido. Arrastado-o comigo. Se algo me dizia que ele não estava bem, se o seu olhar era vago, como um mar cinza e sem esperança, se caminhava como um vagão descarrilado, em sentido contrário ao meu, rumo ao precipício, eu teria de impedi-lo!

Deveria tê-lo abraçado. Suplicado que reconsiderasse. Não se deixar morrer assim, de forma tão incompreensível. Ele tinha família. Pai e mãe que, daquele dia em diante, teriam um oco na alma, incurável.

Em uma manhã fria de agosto, no frescor dos meus dezenove anos, o diabo escolheu-me testemunha solitária de uma morte. De um futuro amigo. Foi o primeiro corpo que o destino arrancou de minhas mãos no engatinhar de minha vida médica.

O TERRENO

Como de costume, entrei no quarto do hospital pela manhã, bem cedo. A esposa levantou-se quando me viu chegar. Perguntei como havia sido a noite do meu paciente. Ela respondeu que o marido havia dormido por algumas horas, mas estava muito angustiado.

Sentei-me na poltrona ao seu lado. Toquei o seu braço e ele abriu os olhos. Por baixo da máscara de oxigênio, esboçou um leve sorriso de bom-dia. Indaguei se a dor havia melhorado. Fez um sinal positivo com a cabeça. Perguntei sobre a falta de ar. Se a máscara havia aliviado um pouco. Respondeu que sim.

Por alguns momentos, ficamos olhando um para o outro sem nos dizermos nada. Perguntei com os olhos sobre o resto. Ele fez um movimento de cabeça, como se as coisas estivessem do mesmo jeito. Ele me olhava com carinho, reconhecendo o meu esforço, mas ciente de que a doença seguiria o seu curso inexorável.

Fez, então, um sinal com a mão para a mulher sair do quarto. Acomodei-me melhor na poltrona. Senti que queria falar comigo em particular. Afastou a máscara de oxigênio do rosto e disse que precisava de um favor. Eu respondi que sim.

Solicitou que eu abrisse a gaveta ao lado da cama, apontando para a caderneta preta, meio surrada, daquelas de anotar endereços e telefones. Aproximei-a de suas mãos. Ele passou a folheá-la com dificuldade. E chegou à página que desejava. Mostrou-me um nome. Ao lado, havia um número de telefone.

Disse que era o seu irmão. Não se falavam havia mais de seis anos. Recolocou a máscara de oxigênio, deu umas respiradas fundas e continuou: "Fiz uma coisa muito feia, doutor. Eu enganei o meu irmão". "Como assim?", indaguei. "Isso mesmo que o doutor escutou. Eu roubei do meu irmão. E ele sabe disso. Não nos falamos há vários anos", respondeu com tristeza.

Perguntei o que se passara. Respondeu que ele e o irmão haviam herdado alguns bens. Entre eles, um terreno muito valorizado. Contudo, o paciente, com a ajuda de seu contador, falsificara os documentos para que ficasse como seu único dono.

"Fiz algo terrível, doutor!", disse o paciente, com a cabeça baixa. "Simplesmente por ganância", completou. O irmão descobriu tudo. Interessante que não tomou nenhuma providência legal contra ele. Mas saiu de sua vida. Desde então, nunca mais lhe dirigira a palavra. Nem os filhos conversaram mais. Por mais de seis anos.

Antes do episódio, eram muito amigos. O irmão o adorava. Era mais moço. Por isso, consultava-o para tudo. Não fazia nada sem primeiro perguntar o que ele achava. Vinha diariamente a sua casa, ao final da tarde, para tomarem uma xícara de chá. "Como era bom aquele tempo!", exclamou, com lágrimas nos olhos.

"Eu roubei a metade do terreno que era dele!", falou com uma mistura de vergonha e raiva de si próprio. "Tudo por avareza! Porque um desgraçado de um corretor disse que poderia construir um edifício que valeria uma fortuna. Meu irmão era mais moço e já estava melhor de vida do que eu!", contou.

"Doutor, o senhor poderia chamá-lo para vir me visitar no hospital? Diga que eu quero vê-lo antes de morrer. Quero lhe pedir perdão." E começou a chorar. Eu respondi que telefonaria naquele mesmo dia.

De fato, liguei depois para o tal número. Uma senhora atendeu. Expliquei as circunstâncias de meu telefonema. Era a esposa do irmão. Ponderou que achava muito difícil o marido ir ao hospital. Os dois não se falavam havia alguns anos. Era um assunto muito doído para ele. Havia lhe custado muitos anos de saúde. Pedi que desse o número de meu telefone celular ao marido, caso ele desejasse conversar comigo.

Na mesma noite, recebi seu telefonema. Disse que era o irmão do meu paciente. Perguntou-me sobre o seu estado de saúde. Lamentou quando eu falei que se tratava de um câncer em fase terminal. Indagou-me sobre o tempo de vida que o irmão ainda teria. Se ele sofria de muitas dores. Foram perguntas de quem tem amor pela outra pessoa.

Despediu-se de mim agradecendo o meu empenho em contatá-lo. Pensaria no que fazer. Não sabia se teria condições de ir ver seu irmão no hospital.

No dia seguinte, contei ao paciente que havia contatado o irmão. Ele perguntou o que eu achara da conversa. Se o irmão viria. Eu respondi que não saberia dizer ao certo, mas a minha sensação era de que viria, sim, visitá-lo. Ele me agradeceu. E dormiu.

Nos dias seguintes, continuei com as minhas visitas médicas de rotina. Ele piorava a cada dia. E nada do irmão aparecer. No quarto dia, quando entrei no quarto, a esposa foi logo saindo, dando a entender que ele queria falar comigo a sós.

Estava mais sonolento, mas fez sinal para eu sentar ao seu lado. Tirou a máscara de oxigênio. Calmo, mas com a voz mais arrastada, por efeito dos medicamentos. Queria me agradecer. O irmão estivera em seu quarto na noite anterior. Falara a ele que o pessoal da contabilidade de sua firma estava orientado para resolver todas as suas pendências financeiras. A justiça seria feita. Conversaram bastante. E o irmão dissera que o perdoava.

Contou-me que disse a ele que repararia todos os erros do passado. Redimir-se-ia das coisas feias que lhe havia feito. Poderia agora morrer em paz. Suas palavras tinham um ar de despedida. Falou-me que durante o plantão pedira mais morfina para a enfermeira. Estava muito cansado. Desejava dormir. Despedi-me e saí do quarto.

No corredor, encontrei novamente a esposa. Disse a ela que a respiração do esposo estava piorando muito. E as medicações, que éramos forçados a utilizar para o alívio de sua falta de ar, poderiam deixá-lo mais sonolento e até precipitar um desfecho da doença. Ouviu-me em silêncio.

Comentei que havia conversado com o esposo e ele dissera que a visita do irmão, na noite anterior, dera-lhe a serenidade que precisava para morrer em paz. Ela me olhou e respondeu: "Eu passei todo o tempo com ele no quarto, doutor. Ninguém veio vê-lo. Acho que foi delírio pela morfina que o senhor mandou aplicar durante a noite. O irmão nunca irá perdoá-lo".

"Mas se ele me disse que falou com o irmão e obteve o seu perdão, não é isso que importa?", eu respondi. Ela esboçou um leve sorriso: "O senhor tem razão, doutor. Isso é o que importa". Abracei-a e me despedi. Algumas horas depois, a enfermeira telefonou avisando-me que o paciente havia falecido.

104

Meu gabinete fica próximo ao setor de atendimento das crianças com câncer. Numa dessas idas e vindas, chamou-me a atenção um menininho de uns dez anos que estava em pé, gesticulando muito, sob o olhar atento da secretária. Tinha nas mãos cópias de textos publicados na internet. E dizia para quem quisesse ouvir que seu médico teria de dar um jeito e conseguir para ele um medicamento experimental, que parecia funcionar em sua doença.

Fiquei impressionado com sua maneira de falar. Parecia um homenzinho. Olhei para aquele menininho franzino falando alto e não resisti em pedir para dar uma olhada no texto que ele trazia nas mãos. Perguntei seu nome. Disse que era Lucas.

De fato, trazia um relato sobre um novo medicamento contra leucemia, o qual estava sendo desenvolvido nos Estados Unidos. Eu estava bem a par da história, pelo fato de que as pesquisas haviam sido realizadas, sobretudo, em pacientes adultos, minha área de atuação.

Tratei logo de perguntar aos pediatras sobre o caso do Lucas. Eles me explicaram que o menino apresentava um tipo raro de leucemia, para o qual os tratamentos disponíveis haviam falhado. Na realidade, ele passara alguns dias em casa, mas logo necessitara uma nova internação, devido às complicações cada vez mais frequentes da doença.

Era um menino de família muito humilde. O pai havia abandonado a sua mãe quando ele era ainda um bebezinho. Ela trabalhava como doméstica e viviam em uma vila na periferia da cidade. A mãe era muito carinhosa, sempre presente, e interessada em fazer qualquer coisa para aliviar o sofrimento do filho.

Com a história do tal medicamento experimental, Lucas passou a bater em minha porta a toda hora. Ele escutara das enfermeiras que eu era envolvido com pesquisa de novos remédios. E não desgrudava de mim por nada.

Na realidade, o medicamento que ele queria estava produzindo resultados em leucemias de adultos e ele tinha uma forma mais rara da mesma doença, que afetava crianças. Em teoria, poderia tentar o tal remédio. Prometi então a ele que falaria com seus médicos e faríamos tudo para consegui-lo, tão logo fosse possível utilizá-lo no seu caso.

No começo, Lucas falava comigo da porta de meu gabinete. Depois, passou a entrar sem mesmo bater. E puxava os mais variados assuntos. Sentava, levantava, mexia em meus livros e até rabiscava em algum papel que encontrasse sobre a minha mesa.

Mesmo se eu estivesse concentrado em algum assunto importante, ele continuava sentadinho perto de mim, como se estivesse fazendo alguma coisa de igual relevância. Estabeleceu-se entre nós certa intimidade e Lucas acabou, literalmente, por tomar conta do meu gabinete.

Algum tempo depois, o pessoal do setor de pediatria começou a entrar em grande animação, pois se aproximava o dia de uma conhecida competição atlética em prol das crianças com câncer e que envolvia toda a comunidade.

O evento acontecia todos os anos, numa manhã de domingo, em um conhecido parque da cidade. Alunos de todas as escolas, pais, mães, tios, avós, maratonistas, corredores de final de semana, quem quer que fosse corria em torno do parque para arrecadar fundos para o tratamento das crianças com câncer.

Gente da imprensa, políticos, artistas, enfim, uma multidão se mobilizava em torno dessa tão nobre causa.

Como de costume, o pessoal do hospital sugerira que as crianças internadas na unidade e que estivessem em boas condições fossem levadas à corrida. Isso já era uma tradição, e elas realmente gostavam de estar lá conosco, mesmo aquelas que se movimentavam com dificuldades.

Lucas havia sido novamente internado numa quinta-feira e já no dia seguinte estava de conversas com as secretárias, bem na porta de meu gabinete. Quando me viu chegar, foi logo dizendo: "Não quero nem saber, doutor Gilberto! Ouvi dizer que as enfermeiras não querem me levar para assistir à competição porque eu não estou muito bem... Mas eu vou de qualquer maneira! Nem que tenha de fugir do hospital!".

Fiz sinal para que entrasse em meu gabinete. Ele foi logo me contando que naquele ano a coisa seria demais. Dariam vários prêmios, inclusive seriam sorteadas cinco bicicletas! E seu sonho era ter uma bicicleta, "destas de duas rodas, sem aquelas rodinhas dos lados, para as criancinhas que não sabem andar", dizia. Explicou-me que um de seus vizinhos tinha uma, mas não o deixava chegar perto.

Eu prometi a ele que falaria com seus médicos para ver se fariam uma exceção para que fosse junto ao evento. Agradeceu todo feliz. Combinei então, com um dos pediatras que o assistia, que levaríamos o menino conosco e caso houvesse qualquer contratempo ou Lucas ficasse indisposto, eu o conduziria de volta para o hospital. Ele ficou numa felicidade só.

E chegou o dia da competição. Cedo, todos foram se dirigindo ao local. O evento era sempre um espetáculo maravilhoso. Reúnem-se na avenida principal, que cruza o parque, centenas e centenas de crianças, de praticamente todas as escolas da cidade, familiares e gente com faixas contendo palavras de incentivo aos participantes.

No palanque, erguido bem no centro dessa multidão, ficam postados locutores esportivos, autoridades, diretores do hospital, voluntários, todos num sobe e desce constante. Lá de cima, acena-se para os amigos que passam com os filhos, mandam-se cumprimentos aos que transitam. Uma alegria só.

Todos, sem exceção, vestem as camisetas comemorativas do evento, que podem ser adquiridas por um preço bem acessível, do corpo de voluntários, nas várias barraquinhas de vendas, estrategicamente localizadas nas imediações do palanque.

Era uma manhã ensolarada. Estávamos todos postados no palanque quando foi dado o sinal para que a competição começasse. Os corredores saíram aos bandos. Alguns eram maratonistas bem treinados, mas a maioria eram crianças e adultos, gente comum, que desejava apenas fazer parte da festa. Quem iria vencer nem importava. O bacana, mesmo, era a alegria de participar. No trajeto, os voluntários alcançavam copos plásticos com água para refrescar a garganta dos atletas, enquanto amigos gritavam palavras de incentivo.

Aos poucos, começaram a aparecer os primeiros colocados, saudando a todos e acenando para as autoridades que estavam no palanque. Tudo isso era irradiado pelo som de enormes alto-falantes, na voz inconfundível de conhecidos locutores, figuras do rádio e da televisão.

Eu estava lá no palanque, conversando com os demais líderes do evento. Havia autoridades, jogadores de futebol, pessoal da imprensa, médicos, enfim, pessoas importantes de nossa comunidade.

As crianças do hospital ficaram na parte de trás do palanque, para que não houvesse risco de tomarem algum encontrão no meio daquela agitação toda. Umas em pé, outras sentadas e as mais debilitadas em cadeirinhas de rodas ou no colo de alguém da equipe. Mas todas muito bem vigiadas por nós.

Foi quando notei que o Lucas me olhava insistentemente. Não tirava os olhos de mim. Aonde eu ia, seus olhinhos castanhos me acompanhavam. Naquele momento, um conhecido radialista, com seu vozeirão para ninguém botar defeito, que havia sido designado para conduzir o microfone no palanque, recebeu um sinal da comissão organizadora para que se iniciassem as premiações.

Foram anunciados os primeiros colocados na corrida. Depois, vieram os destaques de melhor torcida para os representantes das escolas. Após cada premiação, o radialista recebia um sinal para que chamasse uma autoridade para fazer a entrega do prêmio seguinte.

E o Lucas de olho em mim. Notei que ele foi se colocando cada vez mais perto, até que se postou bem ao meu lado. E começaram os sorteios dos brindes. Primeiro os de menor valor. Até chegar a hora das bicicletas.

Foi quando ele pegou na minha mão e apertou bem forte. Olhou bem dentro dos meus olhos e disse: "Eu sempre sonhei com uma bicicleta! Tomara que eu seja sorteado!". E começou a me bater um nervosismo.

Um conhecido jornalista sorteou a primeira e o radialista gritou ao microfone: número 216! Um menino que estava com o pai começou a pular: "Sou eu! Sou eu!". E veio buscar a bicicleta. O prefeito sorteou a segunda e o outro gritou: "Número 114!". Uma menina disse: "Meu número! Meu número!".

Eu olhei para o Lucas com o cantinho dos olhos. Ele continuava firme, olhando fixo para mim, sem pestanejar, com os olhos cheios de lágrimas! Não resisti. Pedi que abrisse sua mãozinha e ele mostrou o papelzinho com o número 104.

Um destacado empresário foi chamado para sortear a terceira bicicleta. Foi lido o número e uma criança da torcida de uma das escolas gritou: "Aqui! Aqui!". Eu comecei a passar mal. Um de nossos craques do futebol foi convidado a tirar o ganhador da quarta bicicleta, e deu o número 311. Quase entrei em desespero. E o Lucas me olhando, com as lágrimas escorrendo em seu rostinho.

Não me aguentei. Perdi a cabeça e cochichei para um dos médicos que lideravam o evento: "Pelo amor de Deus, deixa que eu sorteie o próximo número!". Ele não entendeu muito bem o que estava acontecendo, mas viu que se tratava de algo de vida ou morte. Com sua autoridade, fez um sinal com a mão para que nosso mestre de cerimônias chamasse meu nome.

Prontamente, ele anunciou ao microfone: "Convidamos o professor Gilberto Schwartsmann para o sorteio do próximo número!". Eu tremia como vara verde. Botei a mão na urna, tirei um número. Deu o 258. Olhei bem nos olhos do radialista e disse em voz baixa a ele: "Número 104". Ele olhou para o papelzinho, viu que estava escrito 258 e não entendeu nada. Olhou-me novamente, tudo muito rápido. E algo em meu olhar dizia que tinha de ser 104. Pegou o microfone e gritou: "Número 104!". Lucas levantou os braços e começou a vibrar: "É minha! É minha! A bicicleta é minha!".

Eu saí para o lado e desatei a chorar atrás do palanque. Olhei para meu colega e para o radialista. Eles estavam também muito emocionados, pois então compreenderam o que havia ocorrido. O resto da turma nem notou. Era pura festa. Um político agradeceu aos patrocinadores e um membro da comissão organizadora deu por encerrado o evento.

Na saída, pedi, discretamente, para que o pessoal fosse atrás do dono do número 258, pois a multidão já estava se dispersando, e que explicasse a ele que, por acidente, eu retirara dois papeizinhos da urna. E o número 258 havia sido também sorteado, tendo direito a uma bicicleta, que seria entregue na próxima semana, no hospital. Esta, pagamos do próprio bolso.

Nos dias seguintes, no hospital, evitei perguntar pelo Lucas. Mas nosso reencontro seria inevitável. Dito e feito: ele logo acabou por aparecer à minha porta. Cruzou os bracinhos, olhou-me nos olhos e disse com cara de deboche: "Que sortudo eu sou, não é, doutor Gilberto? Deu bem o meu número! Que coincidência, não é?". "Pois é, que sorte a tua, não é!", respondi com cara de desentendido e continuei o meu trabalho.

O tempo passou e o destino fez com que o Lucas acabasse por receber o tal medicamento que tanto desejava. Conseguimos por meio de uma doação de um laboratório. O interessante é que ele viveu mais de um ano, e com boa qualidade, depois do tal remédio. Chegou até a crescer um pouco e ficar com um ar de homenzinho. Infelizmente, a doença retornou e ele veio a falecer no hospital.

Um dia desses, eu entrava, apressado, pela porta principal do hospital, quando cruzei com a mãe do Lucas, com uns exames debaixo do braço. Ela parou, abraçou-me e disse que iria consultar no ambulatório, para ver como andava a sua pressão. Eu me coloquei a sua disposição, caso precisasse de alguma coisa. Agradeceu. Despediu-se de mim, emocionada, dizendo: "Vocês dois se gostavam tanto, não é mesmo, doutor?".

A COPA

Eu tive um paciente no hospital que me ensinou um pouco sobre a onipotência dos médicos. Eu me refiro à sensação de poder que certos "doutores" acham que têm sobre a vida e o destino dos outros. E que os contamina, principalmente no começo da carreira, quando parece existir uma verdadeira obsessão por querer determinar o tempo exato que lhes resta de vida.

Seu Eugênio era um senhor de uns setenta e cinco anos de idade, solteirão, sedutor, sempre trajado de branco. Era adorado pela equipe médica e, especialmente, pelas moças da enfermagem. Era um verdadeiro "Don Juan"! Nunca saía do hospital sem se despedir de cada uma das meninas da equipe, presenteando-as com um docinho.

Tinha um câncer dos gânglios linfáticos, para o qual já haviam falhado múltiplos tratamentos. Cantava aos quatro ventos que a vida havia lhe proporcionado tudo de bom, sobretudo "grandes amores, lindas mulheres, inclusive argentinas e uruguaias". Costumava reunir os outros pacientes em torno de seu leito, contando histórias de suas conquistas amorosas e viagens fantásticas.

Depois de várias internações hospitalares, seu Eugênio havia decidido morrer. Dizia não ver mais sentido em sofrer pela doença, após uma vida tão rica em emoções. Ele, então, chamou-me para uma conversa particular, solicitando que, caso tivesse uma parada cardíaca, não fosse reanimado. Achava que o seu corpo merecia "enfim, o descanso eterno".

Disse a ele que não me sentia seguro em assumir, sozinho, a responsabilidade por aquela tomada de decisão. Afinal, decidir sobre a vida de uma pessoa não é uma tarefa simples. Sugeri que esperasse, pois iria refletir um pouco mais, conversar com meus colegas e, quem sabe, buscar a opinião de profissionais mais experientes. Ele achou razoável.

O desejo do seu Eugênio foi discutido várias vezes por nossa equipe. Ouvi especialistas em ética e, enfim, decidiu-se que, ocorrendo uma parada cardíaca, a sua vontade seria atendida. Não chamaríamos a equipe do CTI e faríamos apenas um ritual mínimo de respeito ao paciente.

Ocorre que era começo de ano. Havia troca de residentes. Saíam os antigos, entravam os recém-chegados, mais moços. E dito e feito: não é que o seu Eugênio apresentou uma parada cardíaca bem no sábado de madrugada, primeira noite dos novos residentes?

E os jovens não vacilaram: fizeram tudo o que haviam estudado para o exame de residência médica. E o seu Eugênio recuperou as suas funções vitais de forma espetacular! No domingo à noite, ele já estava lúcido e até conversando com a enfermagem. Normal, sem nenhuma sequela.

Na segunda-feira pela manhã, quando cheguei ao hospital, os residentes da Oncologia foram logo me advertindo: "Professor, o seu Eugênio está uma fera! O homem está indignado com o senhor! Disse que é uma falta de respeito! Estava tudo combinado entre vocês dois, que ele iria morrer!".

Fui vê-lo na Unidade de Cuidados Intensivos e ele, monossilábico, disse que era um desrespeito o que eu havia feito. Eu o havia enganado. Em sua opinião, eu deveria reavaliar a minha postura como médico! Pelos seus cálculos, àquela altura dos acontecimentos, era para ele já estar debaixo da terra.

Passaram-se alguns dias e o seu Eugênio foi transferido para um leito comum. Estava em excelentes condições clínicas. Ficou num desses quartos para três pacientes. Ele ocupava a cama mais próxima da janela. Não dirigia a palavra a ninguém. Ficava o tempo todo calado, de costas para os demais, querendo deixar clara a sua indignação para com a medicina.

Ocorre que era véspera da ida do time brasileiro para a Copa do Mundo nos EUA. Havia muita movimentação pelos jornais e pela televisão. E no leito ao seu lado se internara um jovem de Dom Pedrito, louco por futebol, que faria uma cirurgia ortopédica, a qual exigiria várias semanas de imobilização. Os pais, muito zelosos, rapidamente conseguiram autorização da enfermagem para que fosse instalada no quarto uma televisão, daquelas grandes, próxima à cama do rapaz.

Aí começou a revolução. Após cada programa esportivo, iniciava-se uma animada discussão em torno do leito do rapaz: vinte e quatro horas por dia! Cada paciente escalando a sua própria seleção. O seu Eugênio, no começo, ainda indignado por não ter morrido, ficava observando a coisa de costas, sem dizer uma palavra.

Mas, para surpresa geral, foi, aos poucos, sendo incorporado ao espírito esportivo. E logo passou a monopolizar as discussões. Comparava a seleção atual com a de 58, 62, tirava zagueiro, botava meio-campo. Ele é que sabia de tudo. Dizia que era o único ali que tinha assistido Pelé e Garrincha, juntos, em plena ação. Pelé havia visto no Estádio Olímpico, contra o time do Grêmio.

E os pacientes, enfermagem e médicos-residentes vibravam. Pois quem diria? O seu Eugênio ficou obcecado pela Copa do Mundo! E não é que tudo mudou? Ele passou a dar-me a entender, sutilmente, que eu deveria mantê-lo vivo, pelo menos até o final da Copa. E sua ideia de morte foi sendo substituída, progressivamente, por um desejo de viver um pouco mais e tentar novos remédios.

Um dia, me perguntou: "Quanto de morfina um ser humano aguenta, professor Gilberto, para se segurar vivo, por exemplo, até a final da Copa do Mundo?". Eu entendi a mensagem. Ele pensara melhor e decidira viver.

Pois o seu Eugênio acabou assistindo, feliz da vida, a todos os jogos do Brasil, alguns no hospital e outros em casa. A final, Brasil e Itália, ele viu com os residentes no hospital. Um deles, diga-se de passagem, era membro daquela equipe que ele tanto odiara e que lhe devolvera a vida no tão falado episódio da parada cardíaca.

Ele faleceu das complicações de sua doença uns quatro ou cinco meses depois do término da Copa do Mundo, acho que feliz por ter vivido o suficiente para assistir ao Brasil sair novamente vitorioso. O seu Eugênio me ensinou que nós, médicos, não somos donos do destino de ninguém. Nós sabemos muito pouco sobre a vida e a morte.

FREDERICO

Eu estava no segundo ano de residência médica. Faz 40 anos. Como tinha planos de fazer especialização em Oncologia no exterior, passei a acompanhar mais de perto os pacientes com câncer que se tratavam na instituição.

Um dia, foi internado um rapaz de uns quinze anos de idade, o Frederico. Ele era um menino muito falante, cabelos vermelhos como fogo e o rosto cheio de sardas. Dotado de uma inteligência incomum, enchia-me de perguntas. Queria saber, literalmente, tudo sobre a sua doença e o tratamento.

Frederico vinha ao nosso ambulatório acompanhado pela mãe. Eram de uma cidade do interior. A mãe assistia a tudo em silêncio, pois Frederico monopolizava todas as ações. Traziam sempre umas salsichas feitas em casa, acomodadas dentro de uma sacola plástica, dessas de supermercado, e me presenteavam a cada consulta. Eu e o estagiário que me acompanhava logo nos apegamos muito ao Frederico.

Nas primeiras consultas, eu tratei de dar a ele as explicações sobre a sua doença. Os profissionais recém-formados adoram utilizar termos técnicos, e eu não era exceção. Expliquei ao Frederico que haviam células denominadas "blastos", as quais ocupavam a sua medula óssea, não deixando que os seus glóbulos normais se desenvolvessem. E nós, médicos, teríamos de aplicar-lhe uma quimioterapia, que teria a função de destruir os tais "blastos", permitindo assim que suas células voltassem a crescer normalmente.

Mencionei ao Frederico que a quimioterapia que iríamos aplicar em sua veia era muito ativa, um esquema que classificávamos como de "primeira linha". Ele achou aquele termo ótimo. Dizia: "Este esquema de primeira linha vai ter de dar um sumiço nos meus blastos!". E repetia constantemente a tal expressão em nossas conversas. Uma vez, eu lembro que me aproximava de seu quarto no hospital, quando escutei o Frederico falando aos outros pacientes, orgulhoso, "que o doutor Gilberto lhe estava aplicando um tratamento muito eficaz: um esquema de primeira linha!".

Inicialmente, as coisas andaram muito bem. A leucemia respondeu ao tratamento. E o Frederico passou a ser acompanhado por nós no ambulatório. Retornava sempre à consulta, muito feliz, acompanhado pela mãe, a repetir que aquele "esquema de primeira linha havia liquidado com os seus blastos!". E toda vez que nos encontrávamos, tratava de me presentear com as tais salsichas caseiras, feitas pela sua mãe.

Um dia, uma ambulância trouxe o Frederico às pressas para a emergência do hospital. Estava com falta de ar, pálido e com sinais de sangramento. Tudo parecia sugerir que a sua doença havia retornado. Vieram os resultados dos exames de sangue e ele me perguntou, com os olhos arregalados, se os seus "blastos" estavam de volta.

Era verdade. Os exames revelavam que a doença havia retornado e de uma forma mais agressiva. Disse a ele que, infelizmente, teríamos de retomar o seu tratamento. O menino ficou muito assustado, mas logo se antecipou e perguntou-me se haveria um bom "esquema de segunda linha". Eu respondi que sim, havia outro tratamento a ser feito. Entretanto, eu tinha certeza de que isso era uma "meia verdade". Mesmo que ele respondesse à nova medicação, as chances de cura seriam, de agora em diante, remotas. A doença seria controlada, mas por pouco tempo.

Mas o Frederico tinha muito otimismo. Com os seus olhinhos azuis brilhantes, falava que acreditava muito em mim. E que a medicina havia evoluído muito. Como que querendo reforçar sua crença na cura, dizia em voz alta, para quem quisesse ouvir, que a equipe que o atendia era famosa no Brasil inteiro. E este tal tratamento de "segunda linha" haveria de funcionar!

Ele melhorou um pouco com os medicamentos. E decidimos mandá-lo para casa. Deveria retornar em três semanas a nosso ambulatório. E lá estava ele outra vez com a mãe, na data marcada, bem-falante, na consulta. Dizia, eufórico, que o "tratamento de segunda linha" havia sido como "tirar com a mão" os seus blastos! Como sempre, em certo momento, fazia um sinal com os olhos para a mãe e ela me entregava a sacola de plástico com as tais salsichas caseiras.

Por alguns meses, Frederico continuou as suas idas e vindas ao hospital. Eu o examinava. Ele me contava suas histórias. Despedia-se, dando-me um abraço apertado, e voltava para casa. Obviamente, deixando sempre ao meu lado as famosas salsichas feitas pela mãe.

Infelizmente, o que eu temia logo aconteceu. Um tempo depois, ele voltou às pressas ao setor de emergência. A sua doença havia retornado e de forma muito agressiva. O exame de sangue piorara muito. Fui vê-lo na emergência. Muito triste, sendo transportado em uma maca até o seu leito de internação, ia conversando sobre os resultados dos exames, muito nervoso, quase choroso. Com uma das mãos, segurava os resultados dos exames de sangue, e comentava comigo, enquanto que com a outra fazia sinal para a mãe me entregar o saco plástico cheio de salsichas.

Frederico perguntou-me, assustado, se havia algum "esquema de terceira linha" para fazer frente a estes "desgraçados dos seus blastos", tão resistentes ao tratamento. Eu não sabia o que dizer. Respondi que iria discutir os exames com a nossa orientadora, mas os meus olhos denunciavam uma grande tristeza. Era óbvio para nós dois que não havia nenhum "esquema de terceira linha".

No dia seguinte, voltamos ao seu quarto, eu e o estagiário, e, com muito sofrimento, explicamos que não dispúnhamos, naquele momento, de um bom tratamento para a sua leucemia. Ele escutava tudo sem dizer uma palavra. Olhava-me fixamente, deixando verter algumas lágrimas dos cantos dos olhos. Foi uma das conversas mais difíceis de minha vida. Frederico perguntou-me, choroso: afinal, Gilberto, não há no mundo nenhum "esquema de terceira linha" para esta minha doença?

Eu não sabia bem o que lhe dizer. Expliquei que seria melhor confiarmos na ciência, pois novos medicamentos poderiam ser descobertos a qualquer momento. E que eu já havia testemunhado grandes avanços médicos em outras especialidades. E deveríamos manter o otimismo. O fato era que, naquele instante, nós não tínhamos um tratamento específico para a sua doença. A recomendação era fortalecê-lo com transfusões de sangue, uma boa dieta, líquidos em abundância e sais minerais. Ele ficou calado, pensativo. Obviamente, desapontado com o que eu lhe dizia.

Eu falava com o Frederico tentando ser otimista, mas o meu semblante revelava o contrário. Eu estava muito triste, pois era óbvio que nada havia a ser feito. Nossa chefe de equipe sugeriu que conversássemos em separado com a sua mãe e explicássemos a ela a gravidade do caso. Ele teria pouco tempo de vida.

Na conversa, a mãe chorou muito, sempre reservada e falando pouco. Mas deixou claro que seria melhor que voltassem para casa no interior e Frederico ficasse em atendimento por algum médico de lá. Eles eram pobres. Se o filho viesse a falecer em Porto Alegre, ela teria muitas dificuldades em arcar com as despesas de transporte até a sua cidade.

Não me recordo de uma conversa mais triste em minha vida médica. Enfim, combinamos a alta para o meio-dia do dia seguinte. Eu lembro que não consegui dormir aquela noite. O meu colega, estagiário, que tudo acompanhara, também estava péssimo. Começava a falar sobre o Frederico e os olhos ficavam cheios de lágrimas. Quase não conversávamos um com o outro. Havia uma enorme tristeza em nossos corações. Nós o adorávamos. Enquanto faço este relato, vêm à minha memória até o "cheirinho" de suas roupas, que eu sentia ao abraçá-lo.

Pela manhã, fomos ao seu quarto com os papéis da alta. Eu lembrei ao meu colega que teríamos de encontrar forças, sei lá onde, para controlar os nossos sentimentos na frente do Frederico. Seria uma forma de ele não perceber que estava próximo do fim. Foi uma manhã que eu jamais esquecerei. Entramos, e eu, nervoso, fui logo explicando que já estava com melhor aspecto após as transfusões. Iria para casa e nós manteríamos contato com o médico de sua cidade. Havendo qualquer problema, ele retornaria para o hospital. Frederico concordava com a cabeça, meio que querendo chorar.

Pela angústia e sofrimento que sentia, eu repetia a mesma coisa por várias vezes. Parecia que meus olhos iriam explodir em lágrimas a qualquer momento. O pobre do meu estagiário acompanhava tudo, emudecido, com o corpo encostado na parede do quarto. Frederico e eu nos abraçamos por algum tempo. Ele disse que tinha entendido todas as minhas instruções. Repetiu qualquer coisa, baixinho. Abraçamo-nos novamente.

Ele abraçou o meu colega estagiário. Quando estávamos na porta, quase saindo do quarto, Frederico repetiu mais uma vez: "Então está tudo certo! Se eu me sentir bem, vou levando o tratamento com estes remédios que vocês me deram. E volto na consulta em um mês, é isto? E a gente se vê no ambulatório do hospital! Tudo certo! Tudo certo!".

Saímos juntos do quarto. Eu coloquei o meu braço sobre os seus ombros e caminhamos uns passos. Tenso, Frederico repetiu novamente as minhas recomendações. Com a voz engasgada, aproveitei e também falei tudo outra vez sobre o tratamento e as consultas. Nem eu e nem ele conseguíamos dar adeus.

Frederico, então, colocou seu braço em minha cintura e disse: "Gilberto, vamos combinar assim: se por acaso, por alguma razão, eu não aparecer no ambulatório, digamos, em um mês, aí tu esperas um tempo. Dois ou três dias. Se eu não vier mesmo, aí tu vais me prometer uma coisa: tu vais até lá em casa, no interior, para me ver, certo? Quando lá chegares, tu vais até minha casa. O endereço está em meu prontuário. Se por acaso tu não me encontrares, se eu estiver, sei lá, numa pescaria, tu procuras pela minha mãe. Ela estará esperando por ti com as salsichas que tanto gostas!". Eu abracei o Frederico, bem apertado, e nos despedimos para sempre.

Ele faleceu duas semanas depois. Recebi a informação de sua mãe, por telefone. Eu não lembro nada mais lindo em minha vida médica do que a minha relação com o Frederico. Ele me mostrou que pode existir gratidão e um carinho profundo entre médico e paciente, mesmo quando a doença vence a medicina.

CISNE BRANCO

O exercício da medicina nos força a enfrentar os mais variados desafios. Eu, pessoalmente, já vi quase de tudo. Uma vez, tive um paciente que havia se tratado para um linfoma, um câncer dos gânglios linfáticos. Ele ficou muito bem e passamos a nos ver a intervalos mais longos.

Era um homem de uns 55 anos, alto, de boa aparência, muito simpático e casado com uma dentista. Tinham duas filhas adolescentes. Viviam aparentemente muito bem. A mulher sempre o acompanhava nas consultas, e as filhas, de vez em quando, me telefonavam para saber como estava a saúde do pai. Enfim, constituíam uma família normal.

Numa tarde de domingo, saía do cinema na companhia de minha mulher quando recebi um telefonema da esposa do paciente, dizendo-me que ele estava com uma dor forte no peito. Perguntei se sentia mais alguma coisa. Ela disse que o marido estava suando no rosto e com aspecto de doente. Mandei que quebrasse uma aspirina ao meio e desse a metade para ele, pois poderia ser algo sério no coração. E fossem imediatamente para a emergência do hospital.

Foram atendidos pelo plantonista, que fez vários exames, os quais confirmaram um infarto agudo do miocárdio. Foi internado no CTI. Fizeram exame das coronárias e submeteram-no a um procedimento chamado angioplastia, para corrigir a obstrução de suas artérias do coração.

A esposa e as filhas ficaram desesperadas, achando que ele iria morrer. A mulher repetia para mim que aquele homem era tudo em sua vida. Amavam-se muito. Não poderia perdê-lo por nada neste mundo.

Pareciam realmente apaixonados. Ficavam o tempo todo de mãos dadas no CTI. Ela passava um pano molhado em seu rosto, penteava o seu cabelo e fazia a sua barba. Sempre me telefonava para saber a hora exata que iria visitá-lo, para falar comigo sobre o seu estado de saúde.

Dois ou três dias depois, pediu-me para fechar bem a cortina, pois desejava conversar em particular. Sentei-me próximo e ele me disse que eu teria de lhe fazer um grande favor. Invocou até o meu juramento de Hipócrates. Falou que sabia dos riscos de um infarto. E não era por acaso que estava cheio de cuidados no CTI. Então abriu o jogo.

Tinha outra mulher e a amava com todas as suas forças. Estava desesperado para vê-la. Não poderia morrer sem falar com ela. Eu fiquei perplexo! Justamente aquele casal que parecia perfeito!

O paciente me pediu que desse um jeito para que sua amada pudesse visitá-lo no CTI sem que ninguém desconfiasse, especialmente sua esposa e as filhas.

Falei que era complicado, mas iria pensar. O horário de visita seguia regras bem claras e não haveria como a amante entrar sem cruzar com uma pessoa da família. O paciente sugeriu que providenciássemos um avental branco, desses de hospital, para que ela o vestisse, fazendo-se passar por alguém da enfermagem.

Expliquei que a ideia me parecia uma total maluquice. Não iria funcionar. Todos os que circulam no CTI sabem quem entra e quem sai. Ela seria desmascarada na hora. Ele pediu que pensasse um pouco mais sobre o seu pedido. Lembrou-me que os infartados podem ter uma reviravolta súbita e morrer a qualquer momento. Eu ficaria com este peso na consciência, por deixá-lo morrer infeliz.

Falou que sua amada era uma santa. O grande amor de sua vida. Queria deixar-lhe algumas instruções, caso morresse. Havia combinado com seu advogado que passaria um apartamento no centro de Porto Alegre para o seu nome. Ela não sabia de nada. Pretendia fazer uma surpresa.

Fiquei sensibilizado com a situação. O paciente falava sobre a amante com se ela fosse a melhor pessoa do mundo. E não era capaz de criar problemas. Ele queria deixar as coisas resolvidas com ela. Não desejava que houvesse qualquer chance de constrangimento com a sua esposa e as filhas.

"Já pensou se eu morro e ela resolve aparecer em meu enterro, doutor? Que confusão!", disse ele. Passaria de marido exemplar a bandido. Sem falar no risco de surgir algum advogado para influenciá-la a entrar com um processo contra a sua família. Seria uma tragédia.

Parecia amar mesmo a tal mulher. E o bom senso me dizia que seria melhor ele deixar tudo bem organizado, para evitar problemas futuros, caso o pior viesse a acontecer. O homem pedia pelo amor de Deus que desse um jeito dela entrar no CTI e ficar um pouco ao seu lado. Não era justo. Dizia-se um marido perfeito. Ao mesmo tempo, nunca havia sido tão feliz quanto depois de conhecer a amante. Era o amor de sua vida.

Comentei o caso, muito discretamente, com o plantonista, que havia sido meu aluno na faculdade. Expliquei que essas situações acontecem. E que esse assunto estava deixando o paciente numa ansiedade incontrolável, o que não era bom para a sua recuperação. Ele me escutou. Não respondeu nada.

No dia seguinte, quando chegava ao hospital, uma moça loura, alta e de olhos azuis perguntou-me se seria possível trocarmos umas palavras sobre um de meus pacientes. Eu respondi que sim.

Era ela. Desejava saber se poderia fazer algumas perguntas sobre o estado de saúde do Jorge Luís, meu paciente que estava no CTI. Indaguei sobre o seu parentesco. Eu já calculara a resposta. Disse que tinha muito carinho por ele. E a continuidade de nossa conversa dependeria de minha capacidade de guardar segredo.

Visivelmente emocionada, passou a me contar sobre o dia em que o havia conhecido. O tórrido romance que se iniciou. Os momentos maravilhosos que viveram juntos. A viagem para a Europa. A bondade dele ao ajudá-la nas despesas do apartamento e mensalidades da faculdade de seu irmão. Visitava-a quase diariamente. Tinham uma vida conjugal, por assim dizer. Até o supermercado era ele quem fazia.

Ficara sabendo do infarto por um colega de escritório do paciente, que sabia do romance. Há três dias rondava o CTI para vê-lo, mas tinha receio de criar problemas com a família. Jorge Luís era um marido exemplar. Ela não era do tipo capaz de destruir um lar.

Porém, amava-o como nunca amara ninguém. E pediu-me quase de joelhos para ficar um pouco com ele. Eu ponderei que as visitas no CTI eram muito breves e, praticamente, na frente de todo mundo. Seria quase impossível passar despercebida. Sem falar que a esposa e as filhas poderiam adentrar o local, sem aviso.

Ela desatou a chorar. "E se ele morrer sem se despedir de mim? O que será da minha vida, doutor? Deixe-me vê-lo, só um pouquinho! Não causarei nenhum problema!", suplicou a moça.

Pensei no que poderia ser feito para que a pobre moça pudesse falar com o paciente. Teria de ser de uma forma muito discreta. Chamei o plantonista, meu ex-aluno, para tomarmos um café no quarto do plantão, com maior privacidade. Naquelas condições, eu defenderia o meu ponto de vista com mais liberdade.

Conversamos sobre o caso e o desespero da coitada. Sobretudo a importância de sermos flexíveis e, quem sabe, viabilizarmos a visita dela ao CTI sem corrermos risco de os dois serem surpreendidos pela esposa ou filhas. "Sabe-se lá o efeito que teria este estresse em suas coronárias! Ele está quase morto de saudades da amante!", ponderei ao plantonista.

Chegamos à conclusão de que a melhor saída seria a moça entrar no CTI de branco, como se fosse da equipe de fisioterapia. Talvez ninguém percebesse. A visita seria rápida. Coisa de dez ou quinze minutos. O suficiente para que pudessem conversar.

No dia combinado, no horário da visita, fui ao CTI para me certificar de que tudo correra conforme nosso plano. Ao adentrar no recinto, observei de longe uma cena incrível. Estavam sentadas a esposa e uma das filhas, conversando animadamente com o paciente. Ele, deitado, parecia que vira a bomba. Em pé, ao seu lado, como se fosse um anjo na porta do paraíso, lindíssima, estava a moça vestida de branco.

Aproximei-me, dei-lhes boa-tarde, dirigi-me ao paciente e perguntei como estavam as coisas. Ele confirmou que estava sem dor. Sentia-se ótimo. Disse, com um sorriso nervoso, olhando para a amante, que "a mocinha da fisioterapia havia feito uma massagem em suas costas que o tinha ajudado muito". A esposa parecia contente com a excelente evolução clínica.

Mas os pombinhos resolveram exagerar na dose. Por conta própria, a moça passou a vir duas a três vezes por dia, sem o meu consentimento. E as massagens continuaram. A ponto de o pessoal da enfermagem começar a desconfiar. Surgiram rumores de que o paciente havia se apaixonado pela mocinha loura que vinha massagear as suas costas. Não deu outra: estourou "o maior banzé" no CTI.

Uma tarde, a esposa veio no horário da visita e pegou a moça fazendo uma massagem carinhosa demais no marido. E pior: percebeu no olhar dele uma expressão de felicidade, como ele nunca havia demonstrado. Sua intuição feminina dizia que havia mais coisas além daquela massagem.

O assunto ferveu. A esposa brigou feio. Gritou. Ofendeu-o em voz alta. Para quem quisesse ouvir. Isso tudo em pleno CTI. O plantonista fez como se não fosse com ele. Eu também dei a entender que nada sabia. Graças a Deus, a coisa foi esfriando.

Dias depois, o paciente teve alta do CTI e foi para um leito da internação. Fui vê-lo e ele me confidenciou que estava tudo voltando às boas. A esposa havia aceitado sua versão dos fatos. Convencera-a de que havia imaginado coisas. Tudo por conta da tensão nervosa por vê-lo entre a vida e a morte. Ela até disse que estava com pena da moça: "Coitadinha! Fazendo o seu trabalho e eu imaginando coisas!".

O caso evoluiu muito bem. Continuaram as massagens no quarto. Teve alta e retornou ao trabalho. Passou a fazer caminhadas pelas calçadas de sua vizinhança, sempre acompanhado pela esposa. Segundo ele, uma mulher de uma dedicação comovente.

Hoje, está plenamente recuperado. Feliz como nunca em sua vida. Vivendo com as duas. Em casa, com a esposa e as filhas. E em seu ninho de amor, no centro da cidade, nos braços daquele cisne branco que pousara em seu leito da CTI.

UM BOM CINEMA

Conversava com uma paciente oriunda da cidade de Canoas, que atendi no Hospital de Clínicas. Ela me contava que seu lazer resumia-se em planejar com o esposo uma vinda a Porto Alegre, nos sábados à noite, para assistir a um bom filme.

Infelizmente, tudo era motivo para que ele estragasse o programa. Por exemplo, chegava o sábado à noite, eles tomavam banho, vestiam trajes de passeio e entravam no carro. Qualquer coisa que ela dissesse e que não caísse bem em seu ouvido, o esposo virava tigre e gritava que não iria mais. Saíam do veículo, entravam em casa emburrados e fim de diversão. Adeus cinema de sábado.

Contou-me que houve ocasiões em que estavam praticamente em Porto Alegre, quando, por motivo banal, um monossílabo mal interpretado que fosse, o esposo se emburrava, dava meia-volta e retornavam para Canoas. Sem que ele lhe dirigisse sequer uma palavra. Ela tentava todas as formas de convencê-lo do contrário, mas o homem era irredutível.

"Aí veio o meu câncer, doutor", disse-me ela. A retirada de parte do seio, as aplicações de radioterapia e o inferno das sessões de quimioterapia. E a coisa mudou de figura.

Sábado à noite, combinaram uma ida ao cinema, num centro comercial em Porto Alegre. O filme parecia ótimo. Tudo perfeito. Entretanto, quando o esposo tentava manobrar o carro para entrar no estacionamento, aproximou-se dele um menino vendendo balas.

O marido abriu o vidro, escolheu uma barra de chocolate e entregou-lhe o dinheiro. Quando ia seguir o trajeto, parou o carro, olhou para a esposa e deu um suspiro, com ar infeliz: "Vamos para casa, mulher! Eu não posso ver criança passando trabalho! Não quero mais filme nenhum!".

Para sua surpresa, ela o olhou nos olhos, bem firme, e respondeu: "Não, meu velho! Tu estás muito enganado. Nós vamos ficar é aqui mesmo! Vamos estacionar o carro, comprar nossos ingressos e desfrutar bem este momento! O câncer ensinou-me a não jogar fora a felicidade assim no mais! As pessoas pensam que têm todo o tempo do mundo e podem adiar as coisas boas da vida. Doce ilusão. A doença, sobretudo a que ameaça a vida, nos faz lembrar que não somos eternos". O esposo baixou a cabeça e obedeceu.

LEGÍTIMA DEFESA

Quando fazia minha residência médica, num desses dias em que tudo de excepcional resolve acontecer, tive de ficar no ambulatório até quase duas da tarde. Saí de lá correndo e fui atender pacientes que haviam sido internados naquela manhã.

Fiquei correndo de um andar para o outro, examinando pacientes, requisitando exames e revisando eletrocardiogramas. Acabei envolvido com essas tarefas bem além do horário da visita dos familiares. Era nossa função garantir que os casos mais graves fossem vistos com prioridade.

Estava em um dos postos de enfermagem, completando uma nota de internação hospitalar, quando a enfermeira responsável por outro andar, onde tínhamos pacientes internados, entrou no local. Com os olhos arregalados, informou-me que eu deveria ir imediatamente até sua unidade.

O marido de uma de nossas pacientes estava completamente alcoolizado, muito agressivo, reclamando aos berros da demora do médico em vir examinar sua esposa. O homem gritava, para quem quisesse ouvir, que iria dar uma bela surra no médico quando chegasse.

Segundo a enfermeira, o bêbado dizia ser inaceitável sua mulher estar dentro do hospital, precisando de médico, e ter de esperar um tempão pela vinda do irresponsável!

Fiquei muito assustado. Olhei para os outros residentes que estavam no posto de enfermagem. Ninguém moveu os olhos. Houve um silêncio total. Todos esperando uma atitude de minha parte. Eu pensei: "Só me falta agora eu tomar uma surra do marido da paciente...".

Fiquei tentado em chamar o segurança do hospital, mas a situação exigia uma atitude de bravura. Levantei-me, dei um sorrisinho amarelo para a enfermeira e fiz sinal para que me acompanhasse.

O trajeto até o quarto da paciente lembrava aqueles filmes em que o condenado caminha, resignado, ao local da execução. A enfermeira ao meu lado, em silêncio, antecipava a tragédia que logo aconteceria.

Naqueles minutos, passaram incontáveis pensamentos pelo meu cérebro, sobretudo a humilhação que representaria ser surrado, em pleno hospital, na presença de todos. Pensei em recuar, não ir até o quarto e esperar pelo pessoal da segurança.

Mas e a enfermeira? Ela sabia que eu era o médico residente responsável pela paciente. Iria me considerar um covarde. Era a surra ou a desmoralização. Ao mesmo tempo, vinham em minha mente pensamentos sobre comentários que fariam os colegas no hospital. Na certa, eu viraria assunto por séculos.

Todos os cenários passavam por minha cabeça enquanto nos dirigíamos ao quarto da paciente. Vencemos os dois lances de escada. Eu não sentia o meu corpo. O suor vertia frio por minhas têmporas. Os batimentos cardíacos soavam como tambores em meus tímpanos. O coração parecia que sairia pela boca.

Ao nos aproximarmos do quarto, todos fizeram silêncio, preparando a cena da morte anunciada. Parecia um pesadelo. Entrei. A enfermeira ficou na porta. Avistei aquele homenzarrão próximo à janela. Fiquei um pouco mareado.

Ao ver-me entrar, com o jaleco branco e o estetoscópio, o bêbado se posicionou de pé, com o tórax para frente, em posição de luta. Naquele exato momento, como que por encanto, veio à minha mente um pensamento libertador! Talvez houvesse solução! Uma mentira, das boas! Deus haveria de me perdoar!

Trêmulo, aproximei-me do marido, exibindo um olhar de profundo sofrimento. E menti, deslavadamente. Sem o menor constrangimento. Antes que ele tivesse chance de desferir o primeiro golpe, eu me antecipei e pedi que eles me desculpassem. Disse que a medicina tem dessas coisas. Faz-nos enfrentar situações de tamanha intensidade dramática que nem mesmo os mais experientes podem antecipar.

Pedi que ele e a esposa me perdoassem. Eu estava esgotado. Dedicara todas as energias na tentativa de devolver à vida três recém-nascidos moribundos. Infelizmente, os bebezinhos haviam morrido em meus braços. "Os três? De uma vez só?", perguntou o bêbado, estarrecido.

A enfermeira me fulminou com os olhos. Eu continuei. Inventei que a mãe das pobres criaturinhas, viúva e desamparada, portava uma terrível enfermidade genética. Eu acompanhara toda a gestação da pobre mulher na esperança de fazer o parto. O marido me interrompeu: "Dos trigêmeos?". Eu respondi: "Sim. Trigêmeas. Três belas criaturinhas...". "Que coisa mais horrorosa!", exclamou o bêbado.

Na porta, a enfermeira se remexia toda. Senti que dobrava a fera e fui adiante. Expliquei a ele que vinha diretamente do centro obstétrico, onde deixara a pobre mãe com os bebês já sem vida, para cumprir meu dever. Atender ao seu chamado tão urgente.

O bêbado desabou. Chorou convulsivamente, exalando um hálito insuportável. Pediu-me perdão! Disse que, por pouco, não foi o protagonista de uma tragédia. Teria feito injustiça com um médico maravilhoso como eu. Um homem que fazia da medicina um verdadeiro sacerdócio.

A enfermeira olhava a cena sem acreditar no que estava acontecendo. E bufava. O homem então me liberou para que eu voltasse imediatamente para junto daquela pobre mãe. Disse que sua esposa era uma histérica! Queixava-se por qualquer bobagem! Até ele, que não era médico, sabia que ela tivera uma simples alergia, causada por alguma porcaria que comera escondido da equipe médica.

Abracei-me ao bêbado. Respondi que o juramento de Hipócrates me obrigava a atender sua querida esposa, mesmo nas circunstâncias psicológicas em que me encontrava. Todos na sala assistiam à cena emudecidos.

Aproximei-me da paciente, pedi que baixasse um pouco o lençol e abrisse o roupão. Examinei delicadamente sua pele. Dei um suspiro, com ar de alívio, e disse que não se preocupassem. O diagnóstico do esposo estava correto. Era, de fato, uma simples alergia, provavelmente de origem alimentar. Prescreveria um medicamento imediatamente.

A paciente agradeceu, constrangida. O bêbado desatou a chorar novamente. Com o olhar grave, despedi-me com um suave movimento de cabeça, como fazem nos enterros. E saí lentamente do quarto.

O homem me seguiu pelo corredor, envergonhado. Com a voz embargada, perguntou-me: "Doutor, o senhor poderia me dizer o nomezinho da que morreu por último, para a gente acender uma vela?". Eu o fitei, com olhos tristes, e respondi o primeiro nome que me veio à cabeça: "Ritinha de Cássia".

A enfermeira e eu saímos, acompanhados pelo olhar triste de todos os que testemunharam a cena. Eu, com os olhos falsamente marejados e mirando o horizonte. A enfermeira indignada, sem saber o que dizer.

Caminhamos em direção aos elevadores. Parei e olhei para trás. O homenzarrão, de longe, acenava em minha direção, agradecendo, novamente, por eu existir. Eu acenei a ele, de volta, num gesto de perdão, quase pastoral.

Vencemos o final do corredor. A partir dali, eu estaria salvo para sempre. A enfermeira deu um suspiro e disse: "Ritinha de Cássia! Pelo amor de Deus, doutor Gilberto! De onde saiu essa história maluca das trigêmeas e da Ritinha de Cássia?". Eu nada respondi.

Era ele ou eu. Um dos dois iria morrer. Como é fácil me julgar sem ter estado em minha pele. A invenção da doença genética que eliminou de uma só vez as trigêmeas recém-nascidas havia sido legítima defesa.

Seguimos juntos até o andar de baixo. Dali, cada um tomaria seu rumo. Havia muito trabalho por fazer. Eu, seguro de que Deus perdoaria aquela mentira horrorosa. Dona Neusa, que ajudou a criar meus filhos e devota de Santa Rita de Cássia, disse que nas circunstâncias em que me encontrava até a santa me perdoaria.

SORTE NO TRABALHO

Quando completei a residência médica, fui fazer pós-graduação em Londres com a doutora Eve Wiltshaw, uma das maiores especialistas em câncer da Europa. Era daquelas inglesas com ar superior, temida por todos no hospital. Ainda por cima, compartilhava o gabinete com Shiba, enorme cadela mastim.

Iniciei numa segunda-feira. Não conhecia absolutamente ninguém. Fui acomodado em um dos recantos mais longínquos do laboratório. Uma das pesquisadoras incumbiu-me de realizar alguns experimentos. Tentei de tudo para fazer o que me havia solicitado, mas eu simplesmente não fora treinado em laboratório. As coisas não andavam.

Na sexta-feira, me disse que, infelizmente, teria de informar à doutora Wiltshaw sobre o meu desempenho. Eu respondi que tentaria quantas vezes fossem necessárias para aprender os tais experimentos. Afinal, viera de longe. Ela não exibiu qualquer compaixão.

Passei a noite em claro. Pensava na vergonha que seria se me mandassem de volta para o Brasil. No sábado, bem cedo, fui ao hospital. Passei o dia inteiro às voltas com os tais experimentos. Nada de resultados. No domingo, acordei às cinco horas da manhã e retornei ao laboratório. Iluminei apenas a parte onde trabalhava. A cena parecia dos filmes do Harry Potter. O imenso salão escuro e eu, lá no fundo, com minha luzinha.

Pelas sete horas da manhã, fui surpreendido por vozes vindas do corredor. Abriram-se as portas e todas as luzes se acenderam. Quem adentra o laboratório? A doutora Eve Wiltshaw em carne e osso! Liderando uma comitiva de uns vinte oncologistas japoneses!

Ela falava alto e gesticulava. Mostrava o laboratório. Os diferentes equipamentos. De repente, deparou-se com a minha insignificante figura, bem no fundo da sala. Eu gelei. A doutora se aproximou, olhou para os convidados, abriu um sorriso e disse: "Os senhores agora entendem por que esta instituição é famosa no mundo inteiro! Meus pupilos trabalham até domingo de madrugada!". E saiu porta afora, com os japoneses atrás, impressionados.

No outro dia, havia um recado em minha mesa. Dizia que fosse urgente ao gabinete da doutora Wiltshaw. Pensei: minha instrutora contou que meus experimentos não andam! Vão me mandar de volta para o Brasil! Assustado, fui até lá. Bati na porta. Ela fez sinal para eu entrar.

Antes que eu começasse a justificar minha incompetência, a doutora Wiltshaw mandou que eu sentasse. Disse que os japoneses haviam ficado impressionados comigo. Nem no Japão havia tamanha dedicação. Trabalhar na madrugada de domingo...

Sorri, aliviado. Perguntou o que eu gostaria de aprender ali. Respondi que desejava estudar novos remédios contra o câncer. Ela garantiu que daria um jeito. E realmente deu.

Passei tempos maravilhosos em sua equipe, convivendo com ela e Shiba, sua simpática cadela mastim. Mais tarde, fui para a Holanda e os Estados Unidos. Sempre ajudado pela doutora Wiltshaw.

Albert Einstein dizia que suas ideias mais originais surgiram nos momentos em que mais trabalhara. De minha parte, aprendi que o trabalho traz muita sorte.

A CIRURGIA

Certa vez, fui convidado por um colega a reestruturar a unidade de tratamento do câncer de um hospital no interior. O atendimento era muito precário. Durante o período em que lá estive, pude ajudar a transformá-lo em um dos centros de referência regionais do Sistema Único de Saúde.

O hospital possuía grandes limitações em sua estrutura física e um funcionamento, poder-se-ia dizer, muito arcaico. Um dos problemas mais agudos era sua direção, a cargo de um médico mais antigo extremamente autoritário. Todos tinham medo do diretor, que era demasiado ríspido, tornando o ambiente muito desagradável.

Sendo conhecido do diretor e seu homem de confiança, eu privava de sua intimidade e tinha um atendimento especial. Gozava de livre acesso ao seu gabinete, ofereciam-me cafezinho, água gelada e o que necessitasse.

Essa proximidade criou em torno de minha pessoa uma imagem de poder e respeitabilidade entre os funcionários. E, ao cabo de algum tempo, passei a ser utilizado, informalmente, como porta-voz da equipe médica e funcionários junto ao diretor.

Entre os funcionários ligados à diretoria, havia dona Neusa. Morena bonita, perfumada, corpo exuberante e roupas justas. Trabalhava como secretária da direção. Era uma mulher discreta. Não entrava em conversas de corredor. Mas todo o hospital sabia que era desejada pelo diretor. Do que se ouvia dos funcionários, dona Neusa jamais dera a ele qualquer abertura para intimidades.

Circulava também pela diretoria Plínio, um moço de uns trinta e cinco anos, mulato claro, mais de cento e cinquenta quilos, suado, malvestido e depressivo. Ele gerenciava a contabilidade. Duas vezes por semana, trazia ao diretor os saldos bancários, contas a pagar e recebimentos previstos pelo hospital.

Nas oportunidades em que estive presente em seu gabinete, presenciei as humilhações a que este submetia o pobre do Plínio. Chamava-o de burro para cima. Ele ouvia calado, sem qualquer reação, de cabeça baixa. Houve vezes em que eu mesmo tentei intervir, para que o diretor parasse de humilhá-lo em minha presença e de dona Neusa.

Acabei por desenvolver um sentimento de compaixão pelo Plínio, verdadeiro saco de pancadas. As coisas sempre se agudizavam diante da secretária, como se o diretor fizesse questão de humilhá-lo na frente daquela mulher tão sedutora. Ele nunca reagia. Mantinha-se calado.

Um dia, eu caminhava pelo jardim do hospital quando avistei Plínio vindo em minha direção, com uma pilha de papéis nas mãos. Quando me viu, sorriu, timidamente. Fiz sinal para que parasse. Perguntei como andavam as coisas. Respondeu que estavam do jeito de sempre.

Senti que desejava conversar. Disse-lhe que achava arriscado um rapaz jovem ficar daquele tamanho. Ele foi logo dizendo que estava até com pressão alta devido à gordura. Havia conversado com o diretor sobre cirurgia de estômago, mas o cirurgião recomendado queria cobrar uma parte "por fora". Falou que preferia adquirir uma casa para sua mãe.

Perguntei se poderia ajudá-lo. Poderia acionar meus contatos em Porto Alegre e viabilizar sua cirurgia sem qualquer custo, pelo SUS. Achou a ideia ótima, mas receava a reação do diretor, que ficaria com ciúme e bravo com ele. Mandei que pensasse sobre o assunto. De minha parte, não via nenhum problema em providenciar a cirurgia, independentemente da vontade do diretor.

Dias depois, ele veio ao meu encontro. Disse que sua resposta era sim. Queria operar. Imediatamente, telefonei para um colega do hospital, que prontamente aceitou fazer a cirurgia pelo SUS.

Marcamos a data, dei a passagem de presente para ele e propus que fosse diretamente para o hospital. Faria a cirurgia e depois ficaria hospedado em minha clínica durante os dias necessários à sua recuperação.

Plínio chegou a Porto Alegre ao final da tarde, minha secretária foi buscá-lo na rodoviária. De despedida, comeram um bom churrasco no caminho até o hospital. No dia seguinte, foi operado. Três dias depois, ele teve alta. Sentia-se tão bem que voltou para casa no interior.

Nas semanas que se sucederam, encontrei-o no hospital, cada vez mais magro e sorridente. Disse-me que havia contado a todos sobre minha gentileza. Confidenciou-me que o diretor estava diferente, tratando-o com mais agressividade. Mas não se preocupava com isso. Iniciara uma nova vida. Fiquei contente com sua recuperação e ânimo.

Nos meses subsequentes, a relação com os médicos sofreu enorme desgaste, por conta de exigências absurdas que o diretor impunha a todos. Eu acabei ficando do lado deles e, por fim, resolvi deixar minha função, para não me atritar com o diretor, com quem mantinha certa fidalguia. Cruzava às vezes com Plínio e ele cada vez mais elegante.

Passou cerca de um ano. Fui dar aula num congresso em Pelotas. Cruzei com dois médicos do hospital e perguntei como andavam as coisas. Eles sorriram e perguntaram: "O senhor não soube?". Disse que não. Eles riram novamente: "A história do Plínio. O senhor não ficou sabendo?". Eu, curioso, respondi: "Não, o que houve? Alguma complicação da cirurgia?".

Eles deram gargalhadas: "Professor, o senhor não imagina o que aconteceu. Plínio ficou mais magro. Mais elegante. Um belo dia, o diretor chegou ao hospital e cadê o Plínio? Não é que o rapaz deu um desfalque e fugiu! E com quem? Dona Neusa, aquela deusa! Até hoje ninguém sabe nada dos dois! O diretor quase enlouqueceu!".

Não me contive e dei uma gargalhada! Em seguida, telefonei para o cirurgião que o operara e relatei o episódio. Ele ficou orgulhoso: "Gilberto, não vejo prova maior do sucesso de meu tratamento! Não há dúvida que resolvemos seu problema de autoestima!".

SEU VERARDI

Logo que retornei do exterior, em fins de 1992, passei a dar pareceres sobre casos de pacientes com câncer em vários hospitais de Porto Alegre. Numa dessas idas e vindas, recebi um telefonema do Arlindo, um jovem e destacado médico que atuava em Garibaldi, cidade com forte colonização italiana em nosso Estado. Arlindo havia sido meu aluno na Faculdade de Medicina.

De tempos em tempos, me encaminhava pacientes para uma segunda opinião. Neste caso, me pedira que fosse naquela mesma noite ao hospital. Tratava-se de uma pessoa muito amiga da família, que se internara às pressas, com falta de ar, devido a um câncer de pulmão. Disse que seus familiares estavam desesperados, esperando por minha visita.

Prometi a ele que sairia diretamente do consultório para ver o paciente no hospital. Naquele dia, por casualidade, eu trajava uma roupa mais esportiva, calças jeans e sem gravata. O cabelo meio longo. Pensei até em passar antes em casa para me ajeitar um pouco, mas como o homem estava com muita falta de ar, decidi ir diretamente examiná-lo.

No corredor, observei certa aglomeração próxima ao quarto do paciente. Todos pareciam muito nervosos. Um deles fez um sinal com a mão, para eu parar, antes de entrar: "O senhor, quem é?". "Sou o doutor Gilberto", respondi. Senti a decepção do meu interlocutor. Ele insistiu: "O professor Gilberto?".

A pergunta era até compreensível. Em geral, esse pessoal do interior tem uma imagem de que médicos mais conhecidos, com funções docentes, são tipos mais maduros, bem-vestidos e com ar professoral. Ali estava eu, com cara de mais jovem, cabelos longos e vestido de forma casual. Não era exatamente a figura que esperavam. De qualquer modo, apesar da cara de desprezo, ele permitiu minha entrada no quarto.

Deitado na cama, tossindo sem parar, estava o seu Verardi. Um tipo de filme italiano. Quase nu, apenas o avental do hospital, deixando bem à mostra o relógio Rolex. A corrente de ouro, cabelo todo para trás e o forte perfume denunciavam que estava diante de um galã de cinema perdido em Garibaldi.

Quando me viu entrar, ele suspendeu a nebulização e disparou: "E o senhor?". Fiquei sem jeito. Ele desconfiou do inevitável: "O senhor é o doutor Gilberto? Professor do doutor Arlindo? Tão mocinho... Que idade o senhor tem, doutor?".

Tive de confessar que era eu mesmo. Ele não escondeu a decepção: "O professor?". Olhando para a filha, disse: "Vocês hoje se formam cedo, não é?".

Mostrei certa firmeza e respondi que sim. Eu era, de fato, o doutor Gilberto, professor do Arlindo. E passei a falar um pouco mais grosso. Puxei o estetoscópio e pedi que todos saíssem do quarto para examinar o seu Verardi. A filha poderia ficar.

Escutei os pulmões, olhei as conjuntivas e a coloração das unhas. Cruzei em silêncio por entre as pessoas que se agrupavam no corredor. Fui ao posto de enfermagem e revisei seu prontuário e exames radiológicos. Era um câncer de pulmão de crescimento muito rápido, que costumava reagir bem ao tratamento.

Retornei ao quarto. Os parentes acompanhavam todos os meus passos. Sentei-me ao lado do seu Verardi e expliquei que iniciaria o tratamento imediatamente. Ele iria melhorar. Os medicamentos seriam administrados pela veia, durante de segunda até sexta-feira. Tudo seguindo como planejado, teria alta no sábado.

Seu Verardi concordou: "Vamos em frente, professor! Se o doutor Arlindo mandou o senhor aqui, deve saber o que está fazendo!". Eu não entendi se era um elogio ou crítica à minha pessoa.

Dirigi-me novamente ao posto de enfermagem. No corredor, tive de explicar tudo aos familiares. Preparei a prescrição médica, pedi que fosse iniciada imediatamente e fui para casa.

Lá pelas onze horas da noite, imaginando que o tratamento já estaria em pleno curso, telefonei para o paciente: "Seu Verardi?". Meio sonolento, ele respondeu: "Âh?". Eu repeti: "Seu Verardi, tudo bem?". Ele respondeu: "Ah! Doutor Arlindo! Que bom que o senhor ligou! Eu queria mesmo lhe falar!".

Não consegui explicar que era eu ao telefone. Ele logo interrompeu: "Doutor Arlindo, diga-me uma coisa: este tal de professor Gilberto é mesmo formado? Sério?".

Tentava explicar a ele que quem de fato falava ao telefone era eu, mas não havia jeito. Seu Verardi não deixava. E insistia: "Escuta, doutor Arlindo, estou em suas mãos! Ele foi mesmo seu professor?". A esta altura, estava até com vergonha de dizer que era eu quem estava do outro lado da linha e não o Arlindo.

E decidi responder, como se fosse ele: "É, seu Verardi, é o professor Gilberto, sim!". E ele perguntava: "Mas ele é bom mesmo, doutor Arlindo? Olha, eu estou em suas mãos!". Eu não aguentei e respondi: "É ótimo, seu Verardi, pode ficar tranquilo! Professor, e dos bons!". "Então, tudo bem, doutor Arlindo, o senhor sabe o que faz...", retrucou.

Pois aí o seu Verardi veio com a seguinte história: "Escuta, doutor Arlindo, teu professor disse que vai me liberar no sábado. Será que ele poderia me mandar para casa um dia antes, na sexta-feira? Se estiver tudo bem com o pulmão? Eu preciso ir ao consultório do meu dentista, para dar uma ajeitada nos dentes...". Eu respondi: "Não sei... Pergunte para ele, se ele achar que dá...".

Eu me segurava para não ter um ataque de riso. Leonor, minha mulher, deitada na cama, ao meu lado, ria junto, vendo que eu falava com alguém de um jeito diferente do normal. Dei boa-noite ao seu Verardi e ele respondeu: "Boa noite, doutor Arlindo, Deus te abençoe! Obrigado por ter ligado a esta hora! O senhor é mesmo um médico de verdade! Telefonar de Garibaldi a esta hora da noite!".

Esperei umas duas horas e fiz uma nova ligação telefônica para o quarto do seu Verardi. Ele atendeu: "Pronto! Quem fala?". Eu respondi, com uma voz mais grave e pausada: "Boa noite, seu Verardi, aqui quem fala é o doutor Gilberto...". Meio surpreso, respondeu: "Boa noite, professor, doutor, tudo bem? É o professor Gilberto?".

Com uma voz bem cerimoniosa, respondi: "Como vai, seu Verardi, aqui quem fala é o doutor Gilberto. Quero saber se o senhor está se sentindo bem...". Ele disse: "Muito obrigado por ter telefonado, professor! Está tudo bem, estou até respirando melhor!". Eu perguntei: "Está nauseado, seu Verardi?". Ele falou: "Não, professor! Estou ótimo! Pronto para ir embora", brincou.

Eu não aguentei e larguei esta: "Seu Verardi, eu estive pensando... Se o senhor estiver bem durante a semana, talvez eu o mande para casa na sexta-feira, em vez de sábado". Fiz uma breve pausa e continuei: "Assim o senhor poderá ir ao dentista, para resolver a questão dos dentes...". Ele ficou quieto e depois respondeu: "É, seria bom... Bem se vê que o senhor é mesmo professor! Parece até que adivinha os pensamentos do paciente!".

Cuidei dele por mais de um ano. Durante nosso longo e amigável convívio, seu Verardi nunca mencionou nossa conversa telefônica da primeira noite. Nem perguntou como eu soubera de seu desejo de ir ao consultório de seu dentista.

O PREÇO DA VIDA

Eu costumo acordar muito cedo. Lá pelas seis horas da manhã já estou de pé. Tomo banho, faço a barba e visto a roupa. Eu e minha mulher tomamos o café da manhã lá pelas seis e meia. Às sete, entro em meu carro e dirijo até o hospital.

Numa manhã, ao me aproximar de meu gabinete no terceiro andar do hospital, avistei um casal de uns setenta anos. Minha experiência me dizia que estavam perdidos. Aproximei-me deles e perguntei se poderia ajudá-los. Os dois sorriram, constrangidos. O senhor agradeceu. Informou-me que a esposa teria uma consulta no ambulatório de Oncologia às oito horas, mas não achavam o lugar.

Eu falei que ficassem tranquilos, pois, por casualidade, era exatamente o setor de minha responsabilidade. Pedi que me acompanhassem até meu gabinete e sentassem um pouco. Telefonei para o ambulatório e pedi a um dos médicos residentes de nossa equipe que viesse buscá-los e os conduzisse à consulta.

Neste ínterim, o esposo me contou que a mulher percebera um nódulo na mama direita e havia sido operada. A cirurgia revelara um tumor maligno e ela havia sido encaminhada para fazer quimioterapia em nosso hospital. Eu comentei sobre os progressos da medicina e que nos tempos de hoje havia muito recurso. Que eles não se preocupassem.

Depois de alguns minutos, um dos residentes entrou em meu gabinete. Simpático e sorridente, como sempre, disse que acompanharia o casal até o local da consulta. Eles agradeceram minha atenção e se foram.

Uns seis meses depois, eu estava em meu gabinete quando minha secretária me interrompeu. Informou-me que um senhor chamado Antônio estava na sala de espera e desejava conversar comigo. Eu perguntei a ela quem seria esta pessoa, pois não lembrara o nome. Respondeu que era o esposo de uma paciente. Eu fiz sinal para que o mandasse passar.

Quando seu Antônio surgiu na porta, vi que era um rosto familiar, mas não tive certeza de quem era. Ele me cumprimentou e sentou-se em minha frente. Disse que a esposa completara as aplicações de quimioterapia e estava muito bem. Voltaria aos cuidados de seu mastologista.

Expressei minha satisfação com a notícia e falei da excelente perspectiva de cura que a esposa teria. Perguntei se haveria algo mais que pudesse fazer para ajudá-los. Seu Antônio respondeu que estava tudo bem. Viera para acertar meus honorários profissionais.

Expliquei que o tratamento da esposa era gratuito. Falou que isto era um absurdo. Estava acostumado a pagar uma parte "por fora" aos médicos. Que eu não fizesse cerimônia. Disse a ele que era professor da Faculdade de Medicina e quem pagava meu salário era a universidade. Portanto, não me caberia cobrar nenhum honorário. Eu estava muito feliz por tudo ter transcorrido sem problemas.

Ele se emocionou. Quase chorou. Eu fiquei até comovido observando aquele senhor de aspecto tão dócil, sentado em minha frente, demonstrando sua gratidão de forma tão espontânea. Disse, com a serenidade de um sacerdote, que nunca esqueceria o que eu fizera pela esposa, sobretudo a delicadeza em nosso primeiro encontro no corredor do hospital. Insistiu que isso merecia um pagamento. Novamente, deixei bem claro que não seria necessário.

Foi quando me surpreendeu. Explicou que era um homem experiente. Tinha visto de tudo. Era delegado aposentado. Sem a menor cerimônia, afirmou que, se por acaso eu precisasse eliminar alguém, era só falar com ele.

Eu quase caí da cadeira. Perguntei: "Seu Antônio, o que é isto? Pelo amor de Deus! O que o senhor está dizendo? Vire esta boca para outro lado! Como assim, eliminar alguém? Eu sou médico! Eu estou no mundo para salvar vidas e não para matar ninguém!". Ele sorriu e respondeu: "Calma, doutor, eu só estou lhe dizendo que se, um dia, sabe como é, o senhor precisar eliminar alguém, é só falar comigo e eu resolvo. Aqui está o meu telefone". E me passou o cartão.

Com o dedo, tratei de empurrar o cartão para longe de mim, totalmente perturbado, e insisti novamente: "Seu Antônio, que conversa é esta? Que eliminar alguém, nada! O senhor enlouqueceu?". Mas ele voltou a insistir: "Doutor, estas coisas a gente não tem como saber. O futuro pertence a Deus. Vai ver o senhor acaba precisando! Basta me ligar e eu resolvo o caso na hora!".

Em resumo: seu Antônio disse que se eu precisasse dar cabo à vida de alguém, era para contar com ele. A conversa ficara de arrepiar! Ele continuou: "Não precisa ser hoje, doutor. Nunca se sabe destas coisas. Pode ser no futuro. Sabe lá se o doutor vai ter algum desafeto. Estou dizendo que é só me telefonar e eu resolvo a coisa, no máximo em dois ou três dias!".

Eu me defendi novamente: "Pare com esta história, seu Antônio, por favor! Não me fale mais isto de eliminar pessoas!", disse eu, nervoso. "Doutor Gilberto, o senhor vive em outro mundo. Eu sei do que eu estou falando. Só estou me colocando à disposição. Nunca se sabe, caso o doutor precise deste tipo de serviço, é só me telefonar e eu resolvo o caso imediatamente", disse ele, com a voz mansa de sempre.

E, ainda por cima, veio com a seguinte frase: "Se for dentro do Presídio Central, é coisa de um pacote de cigarros...". Eu perguntei: "Um pacote de cigarros? Para matar alguém? Mas que horror!". Ele completou: "Mas se for um caso para se resolver na rua, aí se resolve por uns quinhentos reais. Serviço completo. Limpo. Sem o senhor se incomodar...".

Nervoso, quase sem voz, para encerrar a conversa, respondi que agradecia a gentileza. Qualquer coisa, eu faria contato. Esclareci logo que, obviamente, não seria uma ligação para matar ninguém. Pelo contrário, para revê-los, saber da esposa, trocar ideias. Sei lá por que eu disse aquilo. Ele me olhou nos olhos, deu um tapinha em meu ombro e botou seu cartãozinho no bolso do meu jaleco do hospital. E se despediu. Nunca mais o vi.

O interessante é que ele descrevia seus serviços com o mesmo tom de voz angelical com que falava outros assuntos. Total delicadeza. Eu fiquei pensando. Fiz a faculdade por seis anos, mais três da residência médica. Depois, mais uns dez anos de especialização no exterior. Os últimos trinta e cinco anos tentando salvar os outros. Lutando contra a morte. Entretanto, não tinha a menor ideia do valor de uma vida em Porto Alegre.

Seu Antônio me trouxe, por fim, à realidade. Na cidade onde vivo e crio meus filhos, a vida de um ser humano vale um pacote de cigarros. Isso se for o caso de um indivíduo que esteja passando uma temporada dentro do Presídio Central. Na rua, onde todos nós circulamos, trabalhamos e nos divertimos, a vida vale muito mais! Uns quinhentos reais! Isso se o preço do seu Antônio estiver dentro dos patamares do mercado. Pois há a possibilidade de que ele tenha me oferecido uma tabela mais baixa, em consideração ao meu competente trabalho no atendimento da esposa.

NAMORO NO AVIÃO

Em uma de minhas viagens, retornando de Brasília, sentei-me num dos assentos próximos ao corredor. O avião não estava muito cheio. Ao passar os olhos pelo rosto de um rapaz de uns trinta e poucos anos, sentado em minha diagonal, notei que apresentava uma lesão escura na região temporal esquerda. Imediatamente, vi que se tratava de um câncer de pele.

Pensei que não teria cabimento eu fazer diagnósticos de câncer em pleno voo. Fechei os olhos e decidi tirar uma soneca, para esquecer o assunto. Raciocinei: "Imagine só! Eu invadir a privacidade de uma pessoa que nem conheço, sem ser solicitado!". "Atitude inconveniente a minha!", disse a mim mesmo, com os olhos fechados.

Passados alguns minutos, voltou-me o pensamento sobre o câncer do rapaz. Imaginei: "Puxa vida, se tenho certeza de que se trata de uma doença séria, não seria minha obrigação alertá-lo? Ele deve ter mulher e filhos. Devo informá-lo?". "Acho que sim", refleti.

Virei-me em sua direção para, no momento certo, com discrição, alertá-lo sobre a necessidade de procurar um cirurgião para remover a lesão. Disfarcei um pouco, olhando para ele como quem nada queria. Em um dado momento, o seu olhar cruzou com o meu. Percebeu que eu o fitava insistentemente.

O rapaz ficou meio hesitante. Fiz sinal com a mão, como se quisesse dizer-lhe algo. Sussurrei que desejava falar-lhe. Ele reagiu, sem entender bem minha intenção. Perguntou, com indignação, mas em voz baixa, o que eu desejava. Antes que conseguisse explicar, o senhor sentado ao seu lado questionou o que estava acontecendo. O rapaz fechou a cara, contrariado, e afirmou que não entendia o que eu queria. E desafiou-me, de modo incisivo: "O que está havendo? Algum problema?".

Imediatamente, recuei. Reposicionei-me em meu assento e olhei para frente, encerrando o caso. Ele resmungou algo que não entendi e a coisa ficou por isso mesmo. Pensei comigo: "Viu no que deu querer bancar o bom samaritano no avião? Quase crio uma situação constrangedora a bordo!". Fechei os olhos novamente, tentando esquecer o episódio.

Passados alguns minutos, refleti sobre meu papel de médico. Minha obrigação seria alertá-lo sobre o perigo daquela lesão. Eu tinha certeza de que se tratava de um câncer de pele. Poderia ser de alto risco. Tomei coragem e virei-me em sua direção. Esperei que me olhasse novamente.

O homem estava de olhos fechados, tentando dormir um pouco. De repente, instintivamente, abriu os olhos. E me surpreendeu olhando bem na sua direção. Começou a bufar! Fez um sinal para mim, com a cabeça, ostensivamente, quase me chamando para a briga. Resmungou, entre dentes: "Qual é o problema?".

O senhor ao seu lado comentou, baixinho, algo com a senhora no assento do outro lado. Ela passou a me olhar, querendo saber o que ocorria. Fiquei sem jeito e me desculpei novamente, com um gesto com as mãos. Falei, em voz baixa, que deixasse para lá. O rapaz não entendeu nada. Balançou a cabeça, visivelmente irritado comigo.

Nesta altura, criou-se certo mal-estar em relação à minha pessoa naquele setor específico da aeronave. O senhor ao meu lado, educadamente, perguntou-me: "O que está acontecendo contigo, meu filho?". Eu pensei em explicar, mas pareceu-me antiético falar-lhe sobre o provável câncer de uma pessoa que ele nem conhecia.

Enfim, a coisa ficara desagradável. Achei por bem fechar os olhos novamente e fingir que não era nada comigo. Fiz outra reflexão: "Deus é testemunha de como eu tentei! Se ele não quer saber do câncer, paciência! O problema não é mais meu". Procurei dormir.

O avião aterrissou no Aeroporto Salgado Filho, em Porto Alegre. Saí da aeronave meio constrangido. O rapaz ficou um pouco para trás. Notei que cochichava algo com uns senhores. Devia ser a meu respeito. Riram um pouco. Eu não dei bola e segui meu caminho, fingindo que não era comigo. Ele tomou minha frente, sem me olhar, e desceu a escada rolante. E de cara fechada.

Concluí que deveria deixá-lo em paz e seguir minha vida. Tentara de tudo para informá-lo sobre sua lesão de pele. "Se ele não quis, problema seu!", pensei novamente. "Que papelão o meu! Por que havia de me meter na vida alheia? Ele que seguisse seu destino, se era isto que desejava!".

Observei que ele se dirigia ao local das esteiras de bagagens. Eu levava apenas minha sacola de mão e fui caminhando em direção à porta de saída. Entretanto, um pensamento voltou à minha cabeça: "Ele deve ser pai de família. Imagine se este tumor vier a matá-lo! Pobre da família! Da mulher e das crianças! E meu juramento de Hipócrates, onde fica? Não posso deixá-lo abandonado à própria sorte!".

Decidi dar meia-volta. Fui em direção às esteiras de bagagens. Aproximei-me dele, que aguardava, distraído, a mala, com outros passageiros. Notou minha aproximação. Olhou-me bem nos olhos e fechou a cara. As pessoas em nossa volta ficaram petrificadas. Cheguei bem próximo e o rapaz reagiu, em voz alta: "Isto está passando dos limites! Alguém está querendo apanhar!", quase foi às "vias de fato" comigo.

Eu me antecipei e expliquei, educadamente, em tom mais baixo, que era médico e especialista em câncer. Estava preocupado com o sinal escuro que apresentava na têmpora esquerda. Deu um sorrisinho amarelo, ironizando meu comentário. Disse para deixar para lá, pois ele tinha a tal lesão há muito tempo.

Insisti que era uma lesão séria. Deveria retirá-la. Sugeri que, na manhã seguinte, se dirigisse ao ambulatório de meu hospital. Dei até o endereço. Qualquer motorista de táxi saberia levá-lo até lá. Nervoso, lembrei-me, sei lá por que, de um de meus alunos de pós-graduação, hoje cirurgião plástico, doutor Júlio Cézar. Disse que perguntasse por ele. Deveria dizer que o professor Gilberto o havia recomendado. Era tudo de graça.

Todos em nossa volta ficaram surpresos. Ele nada respondeu. Desculpei-me por minha insistência e me dirigi à saída do aeroporto. Entrei num táxi, dei o endereço de casa e suspirei aliviado: "Graças a Deus! Missão cumprida! Pelo menos, dei-lhe a orientação necessária!". E fui embora.

Passaram-se alguns meses. Eu nem lembrava mais do incidente. Numa manhã, entrava no saguão do hospital quando escutei a voz do Júlio Cézar. Chamava por mim, sorridente. Aproximou-se dizendo que meu amigo de Brasília compareceu novamente a uma consulta, na semana anterior. E deixara um forte abraço, caso me encontrasse. Perguntei: "Meu amigo de Brasília?". Ele respondeu: "Sim, aquele teu amigo, que conheceste no avião. O que me encaminhaste para retirar o melanoma da face!". Eu sorri e pensei: "O sujeito foi à consulta! Valeu o meu esforço!".

Júlio Cézar informou-me que se tratava de um câncer de pele bem profundo, mas as coisas estavam controladas. O "meu amigo" vinha religiosamente às revisões. Combinava as consultas com suas vindas ao Sul, a trabalho. Referia-se a mim como um amigo fraterno. Daquelas amizades que só acontecem por força do destino, em viagens de avião.

PATERNIDADE

Certa vez, fui convidado a participar da banca examinadora de uma tese de doutorado de um médico em Salvador. A cerimônia estava marcada para as duas horas da tarde. Cheguei à cidade na noite anterior e fui levado a um hotel próximo. O motorista me informou que me buscaria ao meio-dia do dia seguinte, para que eu fosse almoçar com os demais membros da banca.

Ao chegar ao restaurante, fomos acomodados em uma mesa localizada em uma das laterais do salão. Enquanto conversávamos, notei que havia outro grupo de médicos sentados mais próximos ao bufê. O anfitrião nos informou que tinham a ver com outra tese, apresentação que aconteceria simultaneamente no hospital.

De longe, reconheci o rosto de um dos colegas da outra mesa. Era Tarso, importante oftalmologista, meu contemporâneo dos tempos de residência médica, que eu não via há muitos anos. Ele havia se transferido para Curitiba. Desde então, trilhara uma brilhante carreira docente.

Não perdi tempo e fui até lá, para saudá-lo. Quando me viu, levantou-se, sorridente. Perguntou sobre minha família e eu pelos seus, já que sua esposa havia sido também minha contemporânea dos tempos de faculdade. Sabia que eles tinham dois filhos que regulavam em idade com os meus.

Quando comentei sobre seus dois filhos, Tarso abriu um sorriso e disse, com ar de satisfação, que os três filhos iam muito bem. "Três?", me espantei. Ele sorriu novamente e falou: "Sim, eu ganhei um mais velho!". "Como assim?", indaguei. Ele pediu que eu sentasse ao seu lado, pois iria me contar uma história.

Sendo filho único e procedente de uma pequena localidade no interior de Santa Catarina, depois de passar no exame vestibular para Medicina em Porto Alegre, acabou não voltando mais para a sua cidade.

Sempre que havia uma oportunidade, sua mãe é quem vinha vê-lo. Ficava com ele um tempo e aproveitava para arrumar a bagunça do pequeno apartamento que alugava. Depois, veio o período de sua residência médica e ele acabou ficando na capital gaúcha. Em resumo, após a mudança para Porto Alegre, no ano preparatório ao exame vestibular, nunca mais retornara a sua cidade natal em Santa Catarina.

Um dia, já professor prestigiado e estabelecido em Curitiba, com esposa e dois filhos, recebera uma carta de um amigo de infância que casaria a filha. E este fazia questão de sua presença na cerimônia.

Tarso conversou com a esposa e os dois concluíram que seria uma bela homenagem ao amigo aceitar o convite. Assim, fariam também uma surpresa para sua mãe, com idade avançada e ainda vivendo naquela pequena cidade do interior.

Combinou com a esposa que levariam as crianças, mas ficariam em um dos hotéis da cidade. Chegariam de surpresa no dia do casamento.

Na data marcada, tomaram um avião para Florianópolis, alugaram um automóvel e se dirigiram até a pequena cidade. Lá chegando, rumaram diretamente ao hotel, tomaram banho, vestiram os trajes de festa e foram para a igreja.

A cerimônia estava para começar e eles se acomodaram mais ao fundo. Do altar, o amigo fez-lhe um sinal de agradecimento. Sua mãe estava sentada com outras senhoras na segunda fila e não notou a presença deles durante o casamento.

Após a saída do cortejo, Tarso foi se insinuando entre os convidados que saíam, indo até onde estava sua mãe. Ao vê-lo, ela caiu no choro, pois não o via desde sua estada em Curitiba, seis meses antes. Beijou a nora e as crianças, emocionada. Mas chorava muito. Reação um pouco exagerada, no entanto explicável pela emoção da presença inesperada do filho com a família.

Foram todos para o salão de festas, ao lado da igreja. Ele de braços com a mãe e a esposa com os seus dois filhos caminhando logo atrás. Contou-lhe sobre a carta do amigo convidando-o para o casamento da filha e a decisão de virem, sem avisar, com as crianças. Afinal, elas deveriam conhecer a cidade onde o pai nascera e vivera até o início da vida adulta.

Tarso percebeu o nervosismo exagerado da mãe, mas não valorizou muito o fato. Afinal, estava emocionada com a surpresa.

Ocuparam uma mesa de oito lugares, com a mãe e outras três senhoras, viúvas, amigas da família. Logo iniciou a música, tocada por um conjunto local. Os garçons começaram a servir os canapés e drinques aos convidados. Tarso fez sinal para a esposa e os filhos, levantaram-se e foram cumprimentar os noivos.

Retornaram à mesa e ele ficou observando os convidados e o andamento da festa. Quando passou os olhos pela entrada da cozinha, notou a presença de um rapaz de uns dezoito anos, vestido de forma mais simples, que, em pé, admirava o andamento da festa, com um dos ombros apoiado no marco da porta.

Tarso olhou novamente o rapaz, sentindo algo indescritível. Achou que fosse desmaiar! O jovem era igual a ele! Imediatamente, veio-lhe um pensamento: "Como se parece comigo!". Sua esposa notou que a fisionomia do marido havia se transformado e algo muito importante acontecera, mas se manteve calada. Apertaram-se as mãos, com força, olhando na direção do rapaz, e

Tarso disse a ela, baixinho, que o moço era igual a ele. Deveria ser seu filho ou alguém da família.

A esposa pediu que mantivesse a calma. O marido levantou-se e, discretamente, contornou a mesa até chegar aonde estava sua mãe. Aproximou-se de seu ouvido e perguntou, em voz baixa, quem era o rapaz encostado na porta da cozinha. Era igual a ele. A mãe empalideceu. Pediu que não continuasse a conversa. Falariam depois, em casa.

Insistiu com a mãe, queria saber quem era aquele jovem. Com o coração quase saindo pela boca, perguntou se o rapaz era seu filho. Ela nada respondeu, deixando cair algumas lágrimas.

"Eu vou lá falar com ele", disse, baixinho, no ouvido dela. Ela implorou que não fosse. "Vamos falar disso em casa. Eu prometo que te explico tudo!", disse, apressada.

A esta altura dos acontecimentos, Tarso já concluíra que havia, sim, algo muito importante a ser conversado. Tratava-se de um segredo que a mãe guardara a sete chaves. Retornou ao seu lugar à mesa e falou com a sua mulher em voz baixa. Disse que tinha certeza de que era seu filho. A esposa pediu pelo amor de Deus que ele ficasse quieto.

Ele passou a meia hora seguinte acompanhando com os olhos todos os movimentos do rapaz. Como ele posicionava as mãos, o contorno das orelhas, os olhos, as sobrancelhas, a boca, enfim, cada detalhe de seu corpo. Viu que se postava em pé igualzinho a ele, com a perna esquerda um pouco mais aberta. Como fazia também o seu falecido pai.

Observou suas vestes. Notou que eram vestimentas simples. Ao contrário dos convidados, o jovem estava sem gravata, trajando roupas comuns. Deveria ser um auxiliar de cozinha que decidira espiar, por alguns instantes, o andamento da festa. Depois, entrou pela área de serviço e Tarso o perdeu de vista.

Depois de alguns minutos, levantaram para cumprimentar os familiares dos noivos, pediram licença e saíram todos da festa. Ele, de braços com a mãe. Ela estava visivelmente perturbada. E muito trêmula. Pediu que o filho e a nora a levassem logo para casa, pois encontrava-se muito cansada.

No trajeto, nada se comentou. O meu colega disse à esposa que a deixaria primeiro no hotel, com as crianças. Depois, levaria a mãe até a sua casa. A mulher entendeu o que ele queria. Apertou, carinhosamente, sua mão em sinal de apoio e ficou em silêncio até chegarem ao destino.

Ele seguiu com a mãe. Ao entrar em casa, ela desatou a chorar. Disse que o rapaz era de fato filho dele. E de Mariza, moça que trabalhara em sua residência. Escondera a gravidez até quase o parto. E fora embora, sem dizer para onde. A pobre implorara que mantivesse segredo. Tarso era o pai da criança e não queria atrapalhar seu futuro. Afinal, ele iria estudar em Porto Alegre.

A mãe revelou que, tempos depois, a encontrou trabalhando em uma loja. Conversaram um pouco. Ela falou que era um menino. E era a cara do Tarso. Havia dado um jeito na vida. Estava casada com um homem muito correto, que aceitara a criança como filho. Nunca deixara faltar nada para o garoto. E o adorava.

A mãe disse que, de tempos em tempos, alcançava algum dinheiro para Mariza, porém, ela jamais solicitara qualquer ajuda. Pediu perdão por nunca ter falado sobre a existência do rapaz. Não queria atrapalhar a carreira do filho. Na cidade, as pessoas não sabiam de nada. Mariza partira no meio da gravidez. E ele estudava em Porto Alegre, logo iria se formar e teria um futuro brilhante. Não achava justo atrapalhar o destino.

Disse que pensara um dia lhe contar tudo, mas ele foi para Curitiba, fez especialização e acabou indo para o exterior. Casou-se e teve filhos. Tornou-se um médico famoso. Tarso ouvia tudo calado. Acabaram os dois chorando por um longo tempo, abraçados.

Contou-me que, ao retornar ao hotel, sua mulher o esperava no saguão. Pegou sua mão e pediu que sentasse com ela no sofá. As crianças já estavam dormindo e eles poderiam conversar livremente.

Explicou à esposa que o rapaz era mesmo seu filho. E de uma moça chamada Mariza, que trabalhara em sua casa, com quem tivera um relacionamento amoroso secreto. Tarso jurou que não sabia da existência do jovem. Nunca mais retornara à sua cidade. Nem a moça e tampouco sua mãe haviam comentado com ele sobre o assunto.

A esposa abraçou-o e choraram por alguns instantes. Ela enxugou as lágrimas e disse que não poderia ter ciúme de alguém com quem se relacionara antes de conhecê-la. Portanto, era um assunto que enfrentariam juntos, pois ele era uma pessoa maravilhosa e ela o amava muito. E essas coisas acontecem na vida.

Tarso disse à esposa que ficaria mais uns dias por lá. Queria conhecer o rapaz. Afinal, era seu filho. Pretendia ajudá-lo. Fazer tudo o que um pai deve fazer. Tentaria conversar com ele, Mariza e seu marido. Não poderia simplesmente ignorar a sua existência.

E ele era a sua cara! A esposa sorriu e disse que concordava. Não precisaria nem teste de DNA para ver que o filho era seu. Até a maneira de ficar em pé era igual. Riram um pouco e foram dormir.

Na manhã seguinte, foram até a casa da mãe. Ela estava um pouco constrangida, mas logo a nora a abraçou, dizendo que tudo se resolveria da melhor maneira. Brincou com a sogra que não teria razões para ciúme de alguém que ele conhecera antes dela. A sogra sorriu e as coisas ficaram mais calmas.

Acabaram por conseguir uma pessoa que levasse a esposa e as crianças de carro até Florianópolis. Tomaram o avião de volta para Curitiba. Tarso ficou com a mãe, com o plano de retornar logo que as coisas fossem resolvidas.

No outro dia, pediu à mãe que procurasse por Mariza e perguntasse se poderiam ter uma conversa. Ela poderia trazer o marido. A mãe a encontrou e conversaram bastante. No começo, Mariza não queria ver Tarso de jeito nenhum. Não saberia como antecipar a reação do filho. Ele nada sabia do assunto. Temia também a atitude do marido.

Felizmente, depois de alguns dias, Mariza acabou aceitando a conversa, na presença do marido. No começo foi muito difícil. Aos poucos, Tarso foi quebrando as barreiras entre eles. Mariza e o esposo eram pessoas humildes, mas gente educada.

Ele insistiu em dizer que não havia culpados ou inocentes. O importante é que haviam criado um belo rapaz, saudável, que recebera muito amor e educação. Sua intenção era simplesmente conhecer o filho e ajudá-lo no que fosse necessário.

Tarso disse que ele e a esposa eram pessoas corretas e de posses. Viviam em Curitiba, com muito conforto, e seria maravilhoso se o rapaz pudesse tirar proveito dessa condição. Talvez tivesse a possibilidade de completar os estudos e ter um futuro melhor.

A coisa foi evoluindo, no bom sentido, ao longo de quase uma semana de conversas. Ele acabou por conhecer o filho. De início, o rapaz não falava muito, mas, aos poucos, convenceu-se de que Tarso queria o seu bem e seria bom ter um segundo pai, de sangue, para ampará-lo dali para frente.

Tarso contou-me a história, com todos os detalhes, em pleno restaurante, na frente dos demais colegas, pouco se importando com quem estivesse por perto. Certa hora, repousou carinhosamente o braço sobre meu pescoço e disse: "O que tu achaste desta, Gilberto? Eu, com um filho temporão, mais velho que os outros! Não é maravilhoso?". Eu fiquei encantado com aquela linda história de amor!

Ele conquistara o rapaz, Mariza e o marido. Depois de alguns meses, no final do ano, eles concordaram que fosse com Tarso para Curitiba por duas semanas. Depois, convencera Mariza e o esposo de que seria muito bom para o futuro se ele fizesse um desses cursos supletivos. Poderia morar com eles em Curitiba pelo tempo que fosse necessário. Teria seu próprio quarto, podendo visitar os pais quantas vezes desejasse.

Eles concordaram e o filho também. O rapaz acabou terminando, com certo sacrifício, o segundo grau. Tentara o vestibular uma vez, sem sucesso. Isso era o de menos. Poderia tentar quantas vezes fosse necessário.

A conversa corria solta quando o nosso anfitrião fez sinal de que estava na hora de irmos para o hospital. Eram quase duas horas da tarde e a defesa de tese logo começaria. Abraçamo-nos e trocamos números de telefone. Perguntei o nome do rapaz. Ele sorriu. Disse que Mariza havia sido muito generosa com ele.

KASPAROV DO NORDESTE

O exame de seleção para médico residente segue um ritual que, via de regra, envolve prova escrita, exame de currículo e entrevista. Candidatos de qualquer região geográfica do país podem se inscrever, disputando as vagas disponibilizadas pelo Ministério da Educação em igualdade de condições com os concorrentes locais.

Obviamente, a maioria deles é oriunda de nosso Estado. Contudo, de tempos em tempos, recebemos gente das regiões mais distantes do país. Já tivemos candidatos vindos de Santa Catarina, Paraná, São Paulo e assim por diante.

Pois a história que se segue diz respeito a um jovem pernambucano dos mais talentosos que conheci. Na entrevista para o exame de residência, percebera que se tratava de uma pessoa, no mínimo, interessante. Glênio era seu nome. Falava um português impecável.

Pude captar nas entrelinhas de seus comentários, em resposta às perguntas de meus colegas de banca examinadora, que o rapaz tinha muita leitura. Usava expressões extraídas de obras clássicas da literatura. Mas sem nenhuma afetação. Era o seu jeito de ser.

Quando iniciei minha arguição, não resisti e perguntei sobre outros interesses, além da medicina. Glênio não hesitou em responder que, modestamente, considerava-se um amante das artes. O moço do Recife mostrou mesmo a que veio. Foi aprovado no concurso com relativa facilidade. Pontuou bem na prova escrita. O currículo revelou indiscutível aplicação aos estudos. E a entrevista não poderia ter sido mais convincente.

Em pouco tempo, pude confirmar minha impressão inicial. Glênio não apenas dominava as letras, mas era um profundo conhecedor da boa música. Semanalmente, encontrava-o nos concertos de nossa Orquestra Sinfônica. Não perdia bom espetáculo que viesse a Porto Alegre.

Numa dessas noites musicais, ele conhecera uma moça que tocava celo na orquestra, cuja carreira como solista logo se consolidaria. Viriam a casar-se depois de Glênio completar os três anos de residência médica.

Afeiçoei-me cada vez mais ao jovem médico. Conversávamos não apenas sobre temas de nossa especialidade, mas também a respeito de aspectos mais profundos de nossa existência.

Um belo dia, Glênio me fez uma solicitação de certo modo inusitada. Pediu-me para sair um pouco mais cedo do hospital, certos dias da semana, obviamente sem prejuízo do atendimento dos pacientes, para que pudesse frequentar suas aulas de russo.

Engoli seco ao ouvir o pedido e não resisti em perguntar a razão de seu interesse por tão complexo idioma. Cheguei a imaginar que pudesse ser para ler Pushkin, Gogol ou Dostoievski no original. Muitas vezes, as traduções correm o risco de tirar certas peculiaridades do texto que só são percebidas no idioma nativo.

Não se tratava disso. O caso era que Glênio dizia ser um exímio jogador de xadrez. As jogadas recomendadas para a prática de especialistas eram impressas em russo e vindas daquela região. Em outras palavras, quem fosse dedicado ao xadrez necessitava domínio daquele idioma.

Achei aquilo muito interessante e, prontamente, liberei Glênio, naqueles horários específicos, para suas aulas de russo. Para evitar mal-entendidos, mencionei o fato aos demais professores, deixando claro que ele tinha minha autorização.

Confesso que sentira certo descrédito no olhar dos colegas, que achavam que eu embarcara muito facilmente naquela história. Contudo, refleti sobre o assunto e concluí que, se alguém no hospital tinha perfil para ser aluno de russo, esta pessoa seria Glênio. E apoiei sua iniciativa com muita convicção.

Seu primeiro ano de residência transcorreu normalmente. Como residente de segundo ano, Glênio assumira as consultorias de pacientes internados em outras especialidades. Nosso convívio não poderia ter sido melhor.

Um dia, pediram-me para examinar um paciente no CTI de outro hospital. Lá chegando, notei que havia certa aglomeração de médicos e enfermeiros em torno de um dos leitos. Era de uma senhora de uns oitenta anos, obesa e com os cabelos longos e grisalhos. O responsável era meu colega de turma, doutor Augusto.

Ao ver que me aproximara do grupo, com um ar curioso, Augusto foi logo dizendo que se tratava de um caso muito incomum em sua prática médica. Era uma senhora de origem russa. O nome não deixava dúvida: Anna Petrovska. Fora internara por um provável acidente vascular cerebral. Havia sido trazida por uma vizinha, a qual informara que ela morava sozinha há anos, em um prédio na região norte da cidade. Era viúva e não tinha filhos.

Augusto informou-me que a paciente perdera a memória recente, e, com ela, o português. Daí sua dificuldade em extrair dela informações básicas sobre seu estado de saúde. Ele perguntava, pausadamente, se ela se sentia bem. A paciente olhava-o fixamente sem nada responder. E ficavam naquele impasse.

Quase que reflexamente, disse a ele que eu tinha a solução para o caso. Ao escutarem meu comentário, Augusto e os demais colegas que ali estavam pararam de falar e me olharam, esperando que eu revelasse a solução para o enigma. Fiz um sinal com a mão, pedindo tempo.

Sem pestanejar, combinei com a enfermeira e ela me passou o telefone. Todos observando a cena, emudecidos. Liguei para o ambulatório de meu hospital. Pedi que a secretária contatasse com urgência o doutor Glênio, médico residente da Oncologia.

Prontamente, ele veio ao telefone. Com sua boa educação de sempre, perguntou-me em que poderia ser útil. Solicitei que tomasse um táxi e viesse imediatamente para o CTI do outro hospital. Eu necessitava de seus préstimos.

Em menos de dez minutos, Glênio adentrou a unidade, com seus óculos de lente grossa, ar de intelectual francês, como Jean-Paul Sartre. A esta altura, a turma de curiosos em torno do leito da russa havia mais do que dobrado. Ele se aproximou, dirigiu-se a mim e perguntou: "Em que lhe posso ser útil, professor?".

Eu olhei para o Augusto, dei um sorrisinho de triunfo e expliquei: "Glênio, esta pobre senhora é paciente do meu colega, doutor Augusto. Ela sofreu um acidente vascular cerebral, o qual provavelmente afetou sua memória recente. Não sabemos seu diagnóstico exato, mas seria conveniente se tu pudesses dirigir umas palavras a ela, em russo, e nos dizer se ela está confortável ou precisando de algum coisa".

"Perfeitamente, professor! Será uma honra!", respondeu Glênio, com fidalguia. A turma ficou paralisada. A cena era de filme. Ele puxou delicadamente a cadeira mais próxima, acomodou-se bem e tocou a mão da senhora, que o olhava bem nos olhos. Voltou o rosto em direção ao Augusto e falou: "Se o senhor permitir, farei algumas perguntas a sua paciente". Meu colega ficou impressionado com o estilo do Glênio.

"Вы оно наилучшим образом? Оно чувствует боль?", perguntou ele, delicadamente, à paciente. "Я буду ощупыванием самим наилучшим образом", respondeu ela. E o Glênio, olhando para mim e para o Augusto, explicou: "Ela me informa que está se sentindo confortável, sem nenhuma dor!".

Olhei para o Augusto e sorri, vitorioso. Fiz sinal para ele continuar. "**Плох чувствует, что некоторое другое одно быть что оно нарушает его?**", indagou ele. "**Не. Я удобн.**", disse a senhora. E Glênio, olhando novamente para nós: "Ela está confortável e respira muito bem". Eu sugeri: "Explique a ela que está no hospital e tudo ficará bem". Ele não vacilou e deu o recado.

O pessoal que acompanhava a cena vibrava com o desempenho do Glênio. Eu esnobei, perguntando ao Augusto se necessitava mais alguma coisa. Ele disse que estava plenamente satisfeito com a entrevista.

Completada nossa "missão diplomática", despedimo-nos de todos com um ar de encantamento. Como se vivêssemos um grande momento da humanidade. Acompanhei Glênio até a porta do CTI, agradeci por sua colaboração e, com a elegância de sempre, ele respondeu que estaria ao meu dispor.

Perguntou se retornaria com ele ao nosso hospital. Expliquei que ficaria mais um pouco, para examinar um paciente. Apertou minha mão, despediu-se e disse que tomaria um táxi de volta. Este episódio nem em filme de 007.

REENCONTRO

Ela estava bem quieta quando entrei, cedo de manhã, em seu quarto do hospital. Perguntei como havia sido sua noite. Disse que dormira por algumas horas. Depois, ficara desperta pelo resto do tempo. A falta de ar fizera com que chamasse a enfermeira por duas vezes. Dito isso, encolheu os ombros, resignada, e falou que era parte de seu sofrimento pela doença.

Era uma mulher bonita. Tinha cerca de quarenta anos. Seus olhos eram negros e expressivos. O nariz era fino e os lábios bem desenhados. Mesmo com os ossos do rosto e dos ombros mais evidentes pela magreza da doença, sua silhueta não passaria despercebida aos olhares masculinos. Fiquei pensando que provavelmente fora muito cobiçada pelos homens quando gozava plena saúde.

Seu câncer de útero havia se espalhado pelos pulmões. Tentáramos vários medicamentos, sem nenhum resultado. Agora, restara apenas a morfina e o oxigênio. Durante as vezes que conversáramos antes, nunca tivera a chance de propor uma conversa mais íntima. Nossos diálogos eram sempre dirigidos ao tratamento do câncer.

Naquela manhã, não sei bem por que, sentira um impulso de saber mais dela. Eu entrara sozinho em seu quarto. Talvez fosse o momento adequado para conversarmos assuntos pessoais. Mesmo calada e doente, ela me parecera receptiva para falar de intimidades.

Sentei-me próximo a sua cama e perguntei se poderíamos conversar um pouco. Queria saber como fora sua vida até o surgimento da enfermidade. Indaguei no que trabalhara. Como era sua família. O que poderia fazer para ajudá-la no que fosse. Ela sorriu, sem jeito. Disse que sua vida fora como a de qualquer pessoa. Com alegrias e sofrimentos.

Comentei que me dava muita satisfação conversar com os pacientes, para saber como eram suas vidas. Muitas vezes, surpreendia-me o fato de poder ser útil pelos motivos mais inesperados. Dei o exemplo de um velhinho que inventava sempre uma desculpa para não receber a visita do capelão do hospital, por medo de que ele quisesse lhe dar a extrema-unção. Achava que isso poderia chamar mais rápido sua morte. Ela sorriu.

Falei também de um paciente que em uma ocasião me pedira para chamar dois parentes que se haviam jurado de morte, para que ele fizesse, na beira de seu leito, a reconciliação entre ambos. Frente à hesitação das partes, o paciente ameaçou-os dizendo que se não dessem as mãos, o fariam morrer infeliz. Os parentes rapidamente se abraçaram e resgataram a amizade, para não carregarem a culpa. Ela sorriu novamente.

Ela, então, me perguntou se, de fato, eu desejava ajudá-la. Respondi que era este meu desejo. Viera conversar para saber como estava da doença, mas caso tivesse algo a me pedir, eu faria todo o possível para atendê-la. Revelou que tinha um segredo. E o mantivera guardado por vinte anos. Ninguém em Porto Alegre sabia. Nem mesmo seu companheiro de vários anos.

Era do interior de outro Estado. Sua família não era rica, mas o pai era homem de algum recurso. Tinha uma farmácia. Um dia, soube que estava grávida do namorado. Contou para a mãe em segredo. Esta não se controlou e revelou a situação para o pai. Ele quase enlouqueceu. Ordenou à filha que não tivesse a criança de jeito nenhum. Se o fizesse, seria expulsa de casa. O namorado se acovardou e foi embora para São Paulo. Nunca mais se viram.

Quando o menino nasceu, os avós desapareceram com a criança e a expulsaram de casa. Exigiram que fosse para bem longe e nunca mais retornasse. Eram religiosos e não admitiriam vergonha na família. Ela juntou o dinheirinho que tinha, comprou uma passagem de ônibus e veio para Porto Alegre. E nunca mais voltou. Passou trabalho, foi empregada doméstica, faxineira e acabou balconista de loja. Conheceu o companheiro e viveram juntos até ela ficar doente.

Esta era sua história. O filho era seu segredo. Jamais comentara o assunto com ninguém. Nem com o marido. Nunca mais soubera da criança. Tivera oportunidade de retornar à sua cidade, mas simplesmente não achara coragem para tal. Sabia apenas o nome do filho, por meio de uma amiga com quem trocara cartas nos primeiros meses. Descobrira que a criança fora deixada com as freiras de uma paróquia próxima à cidade. Hoje, a criança seria um homem feito. Um rapaz de vinte anos.

Arrisquei perguntar se desejava vê-lo. Ela começou a chorar e disse que sim. Era tudo o que queria na vida, sobretudo agora que estava tão doente. Mas não tinha certeza se o reencontro iria fazer bem ao filho. Perguntou o que eu achava disso tudo. O que faria se fosse comigo. Respondi que essas coisas eram muito pessoais, mas se estivesse no lugar de seu filho, ficaria feliz em conhecer minha mãe.

Ela disse que, com a doença, dera para pensar nele o tempo todo. Como seria fisicamente. Parecido com ela ou com o pai? Uma noite, sonhara que ele aparecera no hospital para visitá-la. Tinha o rosto de um dos médicos residentes de minha equipe, um dos mais carinhosos. Estava de pé ao lado da cama, fazendo carinho com a mão em seu rosto. Quando despertou, viu que não era real e começou a chorar.

Criou coragem e me disse que, se visse o filho, não se importaria de morrer. Seria seu maior desejo. Sabia que tinha os dias contados. Iria mesmo morrer pelo câncer. De que mais precisaria? Da vida que levara, aquele filho fora a coisa mais valiosa que existira. Também criei coragem e perguntei se desejava que eu tentasse descobrir onde ele andava. O pessoal do hospital fazia milagres. Encontrava gente nos lugares mais impossíveis. Ela disse que queria, sim. Muito.

Despedi-me e passei o dia pensando no que fazer. Optei por falar com o pessoal do serviço social do hospital. Dei o nome do jovem. Eles sugeriram que tentássemos pelo rádio. Costumava funcionar em cidades pequenas. Era a rádio principal da região. Decidimos fazê-lo, sem dar seu nome completo, para não constrangê-lo, caso não quisesse remexer no passado. Perguntamos por um rapaz com aquele nome, criado por religiosas, que estivesse separado da mãe desde muito pequeno e desejasse conhecê-la. Ela estava muito doente em um hospital de Porto Alegre. O interessado poderia fazer contato pelo nosso telefone.

Começaram a anunciar no sábado. No domingo pela manhã, alguém entrou em contato com o hospital. A telefonista anotou o recado. Um rapaz disse que ligaria no dia seguinte. Achava que ele era a pessoa que procurávamos. Deixou um número de telefone. Era da firma onde trabalhava. Quando cheguei, na segunda-feira, a assistente social me avisou do ocorrido. Nervosos, telefonamos de meu gabinete. Passaram a ligação.

Disse que era ele. Só poderia ser. Sempre sonhara com aquele momento. Tentara descobrir o paradeiro da mãe incontáveis vezes, mas ninguém fazia ideia em que lugar pudesse estar. Não sabia mais por onde procurá-la. Viria a Porto Alegre no primeiro ônibus que encontrasse. E estaria no hospital para ver a mãe no dia seguinte.

Veio. O reencontro foi das coisas mais lindas que presenciei em minha vida. Abraçaram-se. Choraram longamente. Eram fisicamente muito parecidos. Deixei os dois a sós. O filho ficou com ela por dois dias inteiros. Saía do quarto da mãe apenas para dormir em um hotel próximo ao hospital. E cedinho retornava. Voltou à sua cidade para pedir licença no trabalho. Três dias após, veio para ficar ao lado da mãe pelo tempo que fosse preciso. Permaneceu junto dela até o dia do seu falecimento, não muito tempo depois.

PALAVRA MÁGICA

Após concluir minha especialização em Londres, minha mulher e eu voltamos para Porto Alegre. Nosso plano era aguardar uma bolsa de estudos que eu pleiteara junto ao governo para retornarmos à Europa. Desta vez, iríamos para Amsterdã, nos Países Baixos.

Durante esse período, muitos colegas me pediam para acompanhar familiares com câncer. Recebi uma vez a solicitação de um prestigiado professor de nossa faculdade para atender a uma tia mais idosa, com câncer de mama. Ele, muito gentil, advertiu-me que se tratava de um caso de certa forma delicado. Sua tia era emocionalmente muito frágil, com um histórico de várias internações por problemas psiquiátricos.

Prontamente, atendi ao pedido do professor e marquei um horário para sua tia Marilda. Ela veio ao meu consultório cerca de uma hora antes do previsto. Sentou-se, em posição de sentido, até a consulta. Minha secretária me alertara que a paciente apresentara um comportamento um tanto estranho na sala de espera.

Quando pedi que entrasse em meu gabinete, ela fez uma expressão muito séria. Passou às minhas mãos duas sacolas de tecido azul-marinho contendo uma série de exames, todos ordenados cronologicamente e separados por divisórias de papelão. Senti que a consulta com dona Marilda seria, no mínimo, diferente do habitual.

Perguntei-lhe detalhes sobre doenças e tratamentos anteriores. Quase como um robô, dona Marilda respondia às perguntas, buscando o documento comprobatório em seu "escritório ambulante". Ao encontrá-lo, passava-me o respectivo laudo do exame, com um ar de triunfo sobre minha pessoa.

Pedi então que me acompanhasse até a sala de exames. Fiz um sinal para que se despisse, para que eu iniciasse sua avaliação física. Ela reagiu bruscamente, ficando ruborizada. E foi logo me dizendo que de forma alguma tiraria a roupa na minha frente.

Expliquei a dona Marilda que, para fazer corretamente o exame, seria fundamental avaliá-la por completo. De nada adiantaria simplesmente ler os resultados de laudos. Ela respondeu que entendia meu posicionamento, mas não se sentia preparada para enfrentar uma análise de seu corpo desnudo. Não tínhamos ainda intimidade suficiente. Sugeri que se despisse parcialmente e que na consulta seguinte, mais familiarizada comigo, completaria o trabalho. Ela concordou.

Após o exame, retornamos à minha sala de consultório, quando fiz várias ponderações sobre seu tratamento anterior e minha estratégia dali em diante. Reforcei a ideia de que ela estava muito bem e que o que eu faria seria basicamente na mesma linha do médico que me antecedera.

Ela disse que desconfiava seriamente de minhas impressões sobre seu caso. Acreditava que eu estaria omitindo informações a respeito da gravidade de sua doença por solicitação de seu sobrinho. Tinha certeza de que ele queria poupá-la sobre seu estado terminal.

Reiterei que, ainda que se tratasse de uma doença séria, ela se encontrava em excelentes condições clínicas e os exames estavam bem. Dona Marilda exibiu um sorriso irônico, dizendo que eu não deveria esconder nada dela. Ela sabia que se achava praticamente à morte. Insisti que nada via em seus exames que representasse risco de vida imediato.

Ela moveu a cabeça em sinal de descrença e apontou para uma de suas radiografias. Com o dedo indicador, como se soubesse de tudo o que eu ocultava, perguntou-me o que eram então aquelas manchinhas brancas nos pulmões. Expliquei que não eram lesões preocupantes. Pareciam mais sequelas de alguma inflamação antiga. Nada significativo.

Dona Marilda sorriu, novamente com ironia. Disse que eu não deveria enganá-la. Tinha consciência de que o sobrinho, professor da Faculdade de Medicina, contratara meus serviços para omitir a verdade sobre sua trágica condição. Sabia que estava com seus dias contados. E que minha atitude era péssima para o começo de nossa relação.

Insistiu que seu prognóstico era muito reservado. Eu deveria ser claro com ela. Mais uma vez, reiterei que não considerava aquelas manchinhas brancas importantes. Tratava-se de lesões sem relevância, banais. Mas ela mexia a cabeça, em sentido negativo. Acrescentei adjetivos de vários tipos, no sentido de aliviá-la quanto àquela preocupação descabida. Em certo momento, sem saber mais o que fazer para acalmá-la, disse que os seus pulmões estavam ótimos, "límpidos, cristalinos!".

Imediatamente, ela mudou a expressão de seu rosto! Dona Marilda se transformou. Sorriu e me perguntou: "Límpido, cristalino, doutor Gilberto? Repita estas palavras, por favor!". Eu hesitei um pouco, mas falei: "Dona Marilda, não há razão para a senhora ficar apreensiva, os seus pulmões estão muito bem...". E ela me fez um sinal com os olhos, pedindo que eu tornasse a dizer as duas palavrinhas mágicas. Eu não tive alternativa e falei: "Dona Marilda, os seus pulmões estão límpidos, cristalinos!".

Ela suspirou, aliviada, dizendo: "Mas que maravilha, dr. Gilberto! Límpidos, cristalinos! Mas que dádiva de Deus! Agora, sim, o senhor acertou comigo! Límpidos, cristalinos! Que palavrinhas mais maravilhosas!", falou ela, contente.

Dona Marilda e eu seguimos assim por várias consultas. Ela fazendo incontáveis telefonemas para saber como estavam os seus exames, mas sempre me obrigando, de um jeito ou de outro, a pronunciar as tais palavrinhas mágicas: límpido, cristalino!

Alguns meses depois, seu sobrinho me informou que sua tia tivera de ser internada em uma clínica psiquiátrica, pois estava muito depressiva. O psiquiatra achara mais seguro deixá-la sob um controle mais rígido. Depois da alta, ela continuou me visitando no consultório. De vez em quando, dona Marilda me telefonava, lendo os resultados de seus exames. Eu dava uma orientação por telefone, dizia as duas palavrinhas e tudo ficava bem.

Recebi a carta de aceitação para realizar o meu doutorado em Amsterdã. Transferi meus pacientes para alguns colegas. Dona Marilda ficou aos cuidados de um excelente clínico e meu colega de turma. E fomos para a Europa novamente. Minha mulher iniciou seu mestrado em Nutrição Infantil em uma cidade no sul da Holanda. Eu mergulhei em meu projeto de pesquisa sobre novas drogas contra o câncer.

Uma noite, estávamos dormindo tranquilamente. Nossa filha cochilava no quarto ao lado. O telefone tocou. Levei o maior susto, pois nunca recebíamos ligações tão tarde. A família costumava telefonar nos finais de semana, após o almoço, o que correspondia, pelo fuso horário, à parte da manhã no Brasil. Fiquei assustado e corri até o aparelho, com receio de que fosse alguma notícia ruim.

Para meu espanto, reconheci do outro lado da linha a voz chorosa de dona Marilda. Ela estava muito agitada. Falava rapidamente coisas sobre sua doença e o resultado de umas tomografias. Eu tentava acalmá-la, para entender do que se tratava. Por fim, conseguiu me explicar a razão de seu desespero. Recebera o parecer sobre uma tomografia do pulmão, que o outro médico solicitara. Dizia que estava perdida. Seu câncer voltara e seria o fim.

Pedi que mantivesse a serenidade e lesse para mim o laudo do exame. Ela obedeceu. Pareceu-me que a descrição era mais ou menos semelhante às anteriores. Em outras palavras, não havia menção nenhuma sobre uma recaída da doença. Mas a senhora estava inconsolável, chorava muito e mal escutava o que eu falava.

Eu insisti que ela não deveria ficar naquele estado, pois eu não vira nada de anormal no exame. Na certa, quando mostrasse o resultado ao médico, no dia seguinte, ele diria a mesma coisa. Mas ela continuava aos prantos. Afirmava que tudo estava perdido.

Em um dado momento, ela disse: "Doutor Gilberto, o senhor não está faltando com a verdade para me agradar? O senhor jura?". E eu respondi: "Dona Marilda, imagine se eu mentiria para a senhora! Jamais faria uma coisa assim!". Ela então respondeu, com a voz mais baixinha: "Verdade mesmo, doutor Gilberto? Está tudo bem com os meus pulmões? O senhor jura?".

Eu respondi: "Juro, dona Marilda! Juro!". Ela falou, com a voz dengosa: "Então repita aquelas palavrinhas...". Eu na hora não entendi bem, mas logo lembrei. E disse: "Fique tranquila, dona Marilda! Seu exame está límpido, cristalino!". Ela devolveu, aliviada: "Graças a Deus, doutor Gilberto! Muito obrigada! O senhor me devolveu a paz! Um grande abraço!".

E desligou. Voltei para a cama e tentei dormir novamente, mas não consegui. Acordei Leonor e contei sobre o telefonema de dona Marilda. E o poder curativo daquelas duas palavrinhas mágicas.

ADEUS

Quando penso o que representaria em minha vida a perda de meus filhos, sinto um medo terrível. Trato de afastar rapidamente este pensamento. Não imagino dor maior. Para mim, este tipo de ferida nunca cicatriza.

Certa vez, um jovem de uns dezenove anos de idade, já em fase quase final de sua doença, chamou-me em seu quarto no hospital e me pediu para falar em particular. Fechei a porta e sentei-me no cantinho da cama. Ele me disse que sabia que sua morte estava muito próxima. Eu escutei aquela frase quase petrificado.

Até então, o dia a dia de seu atendimento estivera a cargo de um de meus assistentes. Eu o conhecia pouco. Não privara de sua intimidade. Visitava-o em seu quarto uma vez por semana, com os outros membros de nossa equipe. Entretanto, discutira muitas vezes o seu tratamento com os médicos residentes.

Ainda que o nosso contato não fosse próximo, ele sabia que eu era o professor responsável pela equipe médica. E que decisões importantes passavam sempre por minha aprovação. E, verdade seja dita, nós possuíamos grande empatia.

Em minhas visitas semanais, tínhamos sempre conversas interessantes. Era óbvia a profunda admiração que existia entre nós. Eu o achava um jovem determinado. Parecia conhecer a realidade da doença e, mais importante, o sentido da vida.

Nas semanas anteriores, discutira com a nossa equipe a gravidade de sua situação médica. Para meu pesar, a conclusão era de que pouco poderia ser feito para mudar o curso de sua enfermidade. Minha proposta era oferecer-lhe alívio aos seus sintomas.

Seus pais, ainda que muito dedicados, presentes e amorosos, participavam pouco das decisões médicas. Ao longo de sua enfermidade, era ele mesmo quem resolvia se queria ou não seguir o tratamento que recomendávamos. E fora sempre assim, durante os seus quase dez meses de doença, agora em sua fase quase terminal.

Ainda que tivesse curta expectativa de vida, ele gozava de significativa autonomia. Caminhava sem ajuda até o banheiro, alimentava-se sozinho, comunicava-se com clareza, exibindo lucidez e controle de seus sentimentos.

Pois lá estava eu, em seu quarto, quando ouvi dele um pedido comovente. O rapaz me disse que vivia uma situação muito difícil. E o caso não era para ser discutido com os médicos de minha equipe, mas comigo mesmo.

Falou que seus pais estavam desesperados com a gravidade de sua condição, mas não conseguiam verbalizar o que sentiam. Simplesmente, não tocavam no assunto. Todas as suas tentativas de discutir com eles a sua morte, que logo viria, haviam sido infrutíferas. Mal iniciasse qualquer investida de conversa séria, mudavam de assunto e arrumavam uma razão para saírem às pressas de seu quarto.

Com lágrimas nos olhos, ele me contou que tinha vontade de dizer que os amava muito. Queria abraçá-los. Despedir-se. Chorar com eles. Agradecer pelo amor que lhe haviam dado. Falar que reconhecia os seus esforços em tentar tudo o que havia no mundo para curá-lo.

Tinha consciência de que, após o surgimento de sua doença, os pais haviam parado de viver suas próprias vidas, passando a estar somente com ele. Mas chegara a hora de parar com tudo aquilo. Estava cansado de tentar novos tratamentos que não funcionavam. Sabia que nada mais poderia ser feito para lhe dar sequer um dia a mais de vida.

Desejava ficar ao lado dos pais, deitado em sua cama do hospital. Abraçado a eles e mais nada. Queria ele mesmo escolher assuntos banais, relembrar coisas da infância. Falar bobagens. Encerrar o assunto sobre a doença. Não desejava mais discutir remédios ou manter a farsa de que tudo se resolveria. O seu caso era incurável. Sua vontade era morrer em paz, ao lado da família. Queria abraçar a mãe e o pai. E levá-los dentro de seu coração para onde quer que seu corpo fosse.

Disse que eu era um médico experiente e deveria ter passado por situações como a dele. Era sua única esperança para ajudá-lo a fazer com que os pais aceitassem a sua morte tão próxima. Pediu que falasse primeiro com o pai, pois com a mãe seria tarefa praticamente impossível. Ela choraria convulsivamente.

Saí do quarto e pedi à enfermeira que localizasse os pais do rapaz. Ela me informou que estavam na lanchonete do hospital e retornariam em cerca de meia hora. Disse-lhe que iria para o meu gabinete e, quando o pai chegasse, que o levasse até lá, pois queria conversar a sós com ele.

Fiquei pensando em nossa conversa. Que triste era tudo aquilo! Ao mesmo tempo, que jovem admirável! Quisera eu ser como ele! Ter a clareza do que desejasse fazer do tempo que ainda me restasse!

Minutos mais tarde, o pai bateu à porta de meu gabinete. Fui até lá e a abri. E vi-me frente a frente com aquele pobre homem, franzino, cabisbaixo, olhos vermelhos, barba por fazer. Dava-me a nítida sensação de que antecipara o teor de nossa conversa. Pedi que sentasse próximo à minha mesa. Ele sentou e repousou suas mãos trêmulas sobre uma pequena agenda que eu deixara na mesa, para pequenas anotações. O suor delas borrava o papel.

Tentei acalmá-lo um pouco. Quando senti que ele estava recomposto, revelei que teríamos uma conversa muito importante. Tratava-se de um pedido de seu filho. O pobre homem começou a chorar. Passei a mão em sua cabeça. Esperei mais um instante. Peguei na sua mão e falei que a situação do filho era muito grave. Teria pouco tempo de vida. E havia me feito um pedido.

O pai chorava muito, com os braços cobrindo o rosto. Sabia que isso aconteceria, mas não aceitava a vida sem o filho. Preferia morrer também. Falou que sua mulher iria entrar no caixão com ele. Não teriam forças para enfrentar a morte do rapaz. O que seria deles? Tudo nas suas vidas havia sido estruturado em função daquele menino!

Disse a ele que o filho havia me pedido para conversar com eles sobre o que estava acontecendo. O rapaz queria muito se despedir deles, mas que não estava conseguindo. Pedia que não se preocupassem. Ele aceitava a morte. Isso já não era mais problema. Mas desejava usar o tempo que lhe restava para ficar na companhia deles. Não para mentiras.

O pai perguntou-me se o filho sabia mesmo que iria morrer. Eu disse que sim. E queria isso mesmo. Exatamente assim. Ficar perto deles, mas conversando das coisas que ele quisesse falar com os pais. Queria abraçá-los. Ser abraçado por eles. Enfim, aproveitar os últimos momentos como bem o desejasse.

Pouco a pouco, o pai voltou à calma. Secou as lágrimas e falou que atenderia ao pedido do filho. Mas não sabia como a esposa reagiria. Ela se negava a falar sobre a possibilidade de o filho morrer. Eu sugeri que a trouxesse para uma conversa comigo naquele mesmo dia. Fez sinal que sim. Abraçamo-nos e ele saiu.

Mais tarde, vieram os dois. Sentaram-se próximos à minha mesa. Ela chorava muito. Tive de levantar de minha poltrona e ir abraçá-la, para contê-la fisicamente. O marido ficou segurando suas mãos, carinhosamente. Repeti o que o filho havia solicitado. Ela chorava cada vez mais, pedindo que eu parasse de falar naquele assunto. Eu a mantive em meus braços e continuei dizendo o que o rapaz havia solicitado.

Eles choraram muito. Depois, nossa conversa foi se exaurindo e chegamos a um completo silêncio. A pobre mãe nos meus braços, e o pai, abraçado a nós dois. Ficamos assim por vários minutos. Em um dado momento, a mãe sacou um lencinho de pano de sua bolsa, secou as lágrimas e disse ao marido: "Vamos para o quarto ficar com ele. O doutor vai nos dar licença".

Os dois saíram caminhando lentamente em direção ao quarto do rapaz. Entraram e fecharam a porta. E lá ficaram. No final da tarde, quando saía do hospital, pensei em ir até lá para ver como estavam as coisas. A enfermeira me informou que pareciam bem calmos. Estavam os três folheando um álbum de fotografias. Do tempo em que o rapaz era ainda bem pequeninho. Até soltaram algumas risadas. Resolvi não atrapalhá-los.

Nos dias seguintes, eles passaram o tempo todo juntos. Observei que o quarto ficara mais arrumado. Surgira um vaso de flores, que não havia antes. Em sua mesinha de cabeceira, colocaram um porta-retratos antigo. Era a fotografia de um casal mais velho, cercado por adultos mais jovens e crianças de diferentes idades. Perguntei quem eram aquelas pessoas. O rapaz me informou que era a sua família. Uma fotografia das bodas de ouro de seus avós, com os seus pais, tios e todos os primos. Ele era o menorzinho, no colo da mãe. De cabelo raspado e suspensórios.

MINHA MENINA

Ela era linda e tinha uns dezoito anos de idade. Simpática, falante e uma exímia atleta. Mesmo com pouca idade, já colecionara várias medalhas em torneios de tênis. Quando o pai me telefonou, preocupado, dizendo que a filha havia feito uma biópsia e o diagnóstico era linfoma, tratei logo de tranquilizá-lo. Expliquei que este tipo de câncer era altamente curável e haveria razão para bastante otimismo.

O tratamento transcorreu muito bem. Ela respondeu aos medicamentos e os tumores foram desaparecendo. Acompanhava a regressão das lesões, palpando-as na virilha. Discutia cada detalhe comigo, participando ativamente de todas as decisões.

Muitas vezes, combinávamos os horários de suas aplicações, de modo que não comprometesse as suas aulas e momentos de lazer. Os pais eram empresários conhecidos. Estavam sempre presentes nas consultas, dando-lhe o apoio que necessitava.

Seu caso atingiu uma resposta completa com os medicamentos. Segundo o que sabíamos de experiências em outros países, a chance de cura seria realmente alta. Tão logo o seu tratamento terminou, me informou que haveria uma comemoração muito especial com os amigos. Agora que a sua vida voltara ao normal, queria aproveitar o tempo perdido.

Os amigos planejaram uma viagem à Serra Gaúcha. Ela me dizia que não era tão longe assim. Iria de qualquer jeito. Não adiantaria eu argumentar em contrário. Sem alternativa, orientei-a para que entrasse em contato comigo imediatamente, caso houvesse qualquer problema.

    Dias depois, recebi uma ligação sua. Estava com um pouco de febre, mas sentia-se bem e não via razão para retornar a Porto Alegre por uma simples elevação de temperatura. Pedi que voltasse. Ela não quis. Falou que era exagero meu. Mas se não melhorasse, retornaria. Preocupado, telefonei para os pais. A mãe me disse que havia também sugerido que ela regressasse de Gramado, mas a filha estava irredutível.

    No dia seguinte, atendi a um telefonema do pai, muito assustado, informando-me que falara com ela e a filha parecera ofegante. Pedi que dessem um jeito para que ela retornasse imediatamente. Poderia ser algo mais sério.

    Horas mais tarde, o pai ligou e disse que ela havia chegado. Queixava-se de falta de ar. Orientei que a levassem diretamente para a emergência do hospital. Eu providenciaria uma internação. Quando a vi, não tive dúvida de que se tratava de algo muito sério. Solicitei exames e iniciei logo com antibióticos. Os resultados mostraram que os seus pulmões estavam mal oxigenados.

    Na mesma noite, a sua respiração piorou. Tive de recomendar uma máscara de oxigênio. Não melhorou muito. Achei melhor levá-la para a Unidade de Cuidados Intensivos. Chamei colegas para opinarem. Concluímos que se tratava de uma forma muito rara de dano pulmonar, que acompanha certas infecções virais. Acrescentei outros medicamentos.

    Na manhã seguinte, estava pior. Repetimos os exames. Chamamos especialistas de outros hospitais. Todos concordaram com o diagnóstico. Ela cada vez mais dependente de oxigênio.

    O caso virou comoção geral. A mãe perguntou se eu faria objeção se trouxessem um famoso pneumologista de São Paulo. Concordei na hora. Veio e disse nada ter a acrescentar. A sensação de todos era de que as lesões pulmonares eram irreversíveis.

Conversei com um professor mais antigo do setor de radiologia do hospital. Ele disse que achava que ela iria morrer.

A menina ficou naquele estado por mais dois dias. A respiração piorando cada vez mais. Depois, a pressão arterial foi baixando. Até que ela parou de urinar. E, horas depois, faleceu.

Fiquei em estado de choque. Sentia um vazio dentro de mim. Eu me acostumara a ver pessoas com doenças incuráveis morrerem em minhas mãos. Mas não aquela menina, que acabara de curar de um câncer. Era um pesadelo.

Recordo que fiquei sentado em uma cadeira, no cantinho do quarto da Unidade de Cuidados Intensivos, olhando para o seu corpinho morto, imóvel na cama, enquanto o pessoal da enfermagem desconectava os aparelhos. Tudo num silêncio terrível. Os pais da menina abraçados no corredor, chorando. O irmão, pálido, encostado na parede. Eu, anestesiado.

O dia do enterro foi muito difícil. Lembro-me de cada passo, desde a entrada no carro até chegar ao cemitério. Cheguei e fui dar pêsames à família. Recordo dos rostos tristes dos amigos da menina, com muitos dos quais eu convivera ao longo do seu tratamento.

O pai me abraçou e disse que eu fizera tudo o que era possível. A mãe me recebeu friamente, sem olhar em meus olhos. O irmão me abraçou em silêncio. Uma das avós, revoltada, perguntou-me em voz alta, na frente de todos, por que eu não conseguira salvar sua neta. Foi horrível. Eu nunca passara por situação como aquela.

Nos dias seguintes, eu não consegui trabalhar. Tinha uma necessidade incontrolável de falar sobre o assunto. Como se fosse necessário, para meu alívio, repetir, repetir e repetir, incontáveis vezes, o relato do que se passara.

Só Deus sabe o quanto sofri com a perda daquela menina. Quando observava os pais, de longe, na rua, meu coração disparava. Evitava encontrá-los. Desviava o trajeto.

Na época, cheguei a pensar em jogar tudo para longe e não falar mais sobre medicina, mas fui aos poucos dominando aquela sensação ruim. Instintivamente, pensei nas boas lembranças. Nas pessoas que ajudei em minha profissão. Assim, encontrei forças para seguir adiante.

Nas vezes em que os reencontrei, o pai fora sempre carinhoso comigo. Via claramente o que se passava dentro do meu coração. Minha dor não era igual a sua. Mas ele sabia que era imensa. A mãe, por sua vez, fugia. Nunca mais me olhara nos olhos. Evitava me cumprimentar. Eu sentia aquilo como uma condenação eterna. Uma pena por um crime que eu não cometera. Às vezes, vinham-me pensamentos estranhos. Imaginava que seria preferível que ela me agredisse. Dissesse que eu era culpado pela morte da filha.

Uma noite, fomos jantar na casa de amigos. Em um dado momento, meu coração disparou. Observei que os pais da menina também estavam entre os convidados. Não teria como me esconder. Minha mulher fez sinal para irmos até a mesa de doces. Enquanto nos servíamos, virei instintivamente o corpo para trás, ficando frente a frente com a mãe. Era a primeira vez, desde o dia do enterro, havia mais de cinco anos, que nos encontrávamos de perto.

Fiquei paralisado. Não consegui falar. Ela perguntou como andavam as coisas. Respondi que do jeito de sempre. Não quis dar a entender que poderia estar feliz. Disse que pensava muito em sua filha. Era verdade. Ela afirmou, emocionada, que tinha muita dificuldade em me ver. Nada pessoal. Falei que entendia.

Um dia, a mãe cruzou comigo no saguão do hospital. Vinha visitar um parente. Quando me viu, fez um aceno, discreto, com a mão. Entramos juntos no elevador. Meu coração quase saiu pela boca. Para minha surpresa, me parabenizou por ter sido paraninfo dos formandos de Medicina. Agradeci. Ela seguiu a conversa com a senhora que a acompanhava.

Despedi-me e saí do elevador. Enfim, ela decidira me perdoar. Senti-me livre para ser médico outra vez.

PREÇO DA SOLIDÃO

Fui chamado ao hospital pelos filhos de um casal de idosos. O pai estava com câncer avançado. Eles pediram que nos reuníssemos antes em uma das salas de estar na instituição. Sem rodeios, impuseram-me a seguinte condição: o pai não poderia saber de nada sobre o diagnóstico. A mãe, por sua vez, não deveria ser informada sobre a gravidade da doença do marido.

Todas as informações médicas deveriam passar primeiramente por eles, para que tivessem certeza de que os pais seriam poupados de qualquer sofrimento desnecessário. Faríamos a lei do silêncio.

Ponderei que, a meu juízo, esta não seria a forma mais recomendável de conduzir a situação. Achava desaconselhável deixá-los totalmente à parte dos acontecimentos. Até porque isso me parecia impossível. Contudo, os dois rapazes estavam irredutíveis. Teria de ser daquele jeito ou então chamariam outro especialista.

Refleti um pouco e concluí que minha profissão tinha dessas coisas. Não me parecia correto eu simplesmente ir embora. Achei melhor permanecer no caso, fazendo o que estivesse ao meu alcance para ajudar o pobre velhinho. Que ele tivesse, ao menos, a melhor qualidade de vida possível, dentro das circunstâncias.

Entrei no quarto, acompanhado dos filhos. Eles me apresentaram ao pai e à mãe, explicando que eu era clínico geral, acostumado a lidar com pacientes idosos. O velhinho aceitou minhas credenciais e sorriu com simpatia. Olhando para a esposa, disse que esperava ter melhor sorte, pois o médico anterior não acertara sua medicação. Ele persistia com falta de ar e dores pelo corpo todo.

Pedi permissão para examiná-lo, na esperança de que pudéssemos ficar a sós, para ter uma ideia do quanto ele sabia da doença. Entretanto, a esposa e os filhos permaneceram no quarto. Os rapazes ficaram em pé, próximos à porta, como se fossem sentinelas.

Completei meu exame, meio inibido pela presença da família, e expliquei sobre os medicamentos que ficariam na prescrição. O velhinho escutou atentamente. A esposa fez várias perguntas, revelando certa consciência da gravidade da situação.

Na medida do possível, respondia tudo com clareza, mas notava que os filhos fulminavam a mãe com os olhos, como a recriminá-la por fazer perguntas que pudessem levar a algo mais revelador sobre a doença. Quando saí do quarto, um dos rapazes me disse que deveria ter muito cuidado com o que contasse para sua mãe. Ela morreria se soubesse que o caso era quase terminal.

Ponderei a ele que tivera a nítida sensação de que a mãe intuía o que se passava com o esposo. O filho foi taxativo. Minha impressão era equivocada. A mãe nada sabia, pois não possuía a menor familiaridade com o assunto.

Nos dias seguintes, continuei com minhas visitas ao paciente, sempre acompanhado da esposa e sob a vigilância dos filhos. Com o passar do tempo, percebi que eram todos muito amorosos. O casal parecia se gostar muito e os filhos eram extremamente dedicados. Concluí que a atitude dos rapazes era simplesmente uma tentativa de impedir que os pais sofressem.

Um dia, depois de solicitar um exame radiológico para o paciente, cruzei com a esposa na sala de espera, enquanto ele completava o procedimento. Estava sozinha, sentada no sofá. Brinquei que era a primeira vez que nós conversávamos a sós, depois de semanas de atendimento ao seu marido. Encabulada, ela respondeu que, na realidade, ansiava por este encontro.

Fiquei surpreso e perguntei se havia algo que desejasse esclarecer comigo. Causou-me apreensão a possível reação dos filhos, caso nos surpreendessem em plena conversa. Mas o fato é que estávamos ali, nós dois, livres para dialogar.

Pegou na minha mão. Notei umas lágrimas no canto de seus olhos. Fiquei calado, esperando. Olhou-me e perguntou quanto tempo o esposo viveria. A velhinha disse que sabia que ele tinha um câncer na próstata. E era grave.

Revelou que os filhos escondiam tudo dela. Mas uma vez vira a secretária do outro médico escrever "câncer de próstata metastático" no pedido de exames. Ao retornar para casa, correu ao dicionário e viu que "metástase" significava que o câncer estava espalhado pelo corpo.

Continuei em silêncio, escutando atentamente. Tranquilizou-me, dizendo que imaginava que os filhos me haviam proibido de falar com ela sobre este assunto. Concordei com a cabeça. Disse que isso não era problema. Eu poderia continuar com aquele teatro, desde que cuidasse bem do esposo e não o deixasse sofrer, pois ele era o amor de sua vida.

Abracei-a e segui minha jornada de trabalho. Pensei na situação daquela pobre senhora, que tinha de enfrentar, sozinha, aquele sofrimento. Fiquei imaginando como deveria ser difícil para os velhinhos não poderem conversar sobre a situação.

Um dia, o paciente apresentou um sangramento pela urina. Fui chamado às pressas ao hospital, no meio da noite. Entrei apressado no quarto e vi que estava muito pálido e apreensivo. A esposa, chorosa, pedia pelos filhos. O marido perguntou-me se teria de fazer cirurgia. Respondi que dependeria do exame com o pessoal da urologia.

Para não perder tempo, decidi levá-lo, eu mesmo, ao setor de exames radiológicos. Saí com ele e a auxiliar de enfermagem, conduzindo a maca. Solicitei à esposa que ficasse no quarto até que os filhos chegassem.

No trajeto, ele me perguntou se iria morrer. Eu disse que não. Iríamos estancar a hemorragia e tudo ficaria bem. Então, tocou em meu braço, aproximando o rosto do meu. Cochichou ao meu ouvido que ficasse tranquilo. Ele sabia de tudo.

Eu poderia ser franco. Era um homem vivido. Tivera uma vida muito bonita. Contudo, lamentava que a esposa e os filhos tivessem armado aquela farsa. Inflamação crônica. Como se ele fosse um idiota, incapaz de perceber que se tratava de câncer quase terminal. E sem poder ao menos falar sobre o assunto com sua "namorada de toda a vida".

PACTO FAMILIAR

Um dia, a esposa de um empresário veio ao meu consultório e me apresentou uma situação inusitada. Confidenciou-me que o marido tinha câncer de próstata, mas não sabia do diagnóstico. E era ela quem o tratava.

Por meio de um médico de sua cidade, obtivera orientação quanto ao tratamento da doença. E sem que ele soubesse, dava-lhe, diariamente, o medicamento contra o câncer junto com os outros que há tempos utilizava.

A razão da consulta era simplesmente pedir que eu revisasse os exames, para ver se a recomendação terapêutica do outro médico era correta. Num primeiro momento, achei aquilo absurdo, mas ela disse que só queria se sentir mais segura. Apenas isso. Não queria que o marido, em hipótese alguma, soubesse do diagnóstico. Achava que ele cometeria suicídio se descobrisse.

De início, achei que poderia estar sendo antiético, mas pensei melhor e concluí que a pobre senhora queria poupar sofrimento ao marido. Agia com a melhor das intenções. E me sensibilizou. Parecia-me uma preocupação legítima em relação a um ente querido. Achei melhor não julgá-la, e sim ajudá-la.

Como eu não era o profissional responsável pelo paciente e sim uma espécie de "consultor fantasma", acabei por concordar em rever os exames de tempos em tempos. Imaginei que, havendo alguma inadequação no tratamento, ou algo atípico, poderia contatar meu colega sigilosamente e dar a ele minha opinião. Com isso, o paciente sairia ganhando.

A senhora passou então a vir periodicamente a meu consultório para mostrar os resultados dos exames do esposo. Acho que fizemos isso por uns quatro anos. Segundo ela me contou, entre os dois a palavra "câncer" jamais foi pronunciada. Na hora do café da manhã, quando ele se distraía, ela acrescentava o medicamento da próstata e, segundo a própria, o marido nem notava. E a vida dos dois estava sendo uma maravilha.

Uma noite, fui assistir a um jogo de futebol no Estádio Olímpico. Para minha surpresa, quem estava lá, animado, torcendo, no mesmo camarote em que eu me encontrava? O próprio. Eu o conhecia de vista, pois é um importante empresário do ramo calçadista. Acompanhava um amigo, meu parceiro de torcida.

Fiquei um pouco perturbado com sua presença tão próxima, mas não falei nada. Mal o cumprimentei com a cabeça. Afinal, conhecíamo-nos de vista, mas nunca fôramos formalmente apresentados. De modo que fiquei bem quieto, no meu canto, assistindo ao jogo.

No intervalo, meus amigos me convidaram para tomar um café no bar do estádio. Inventei que ficaria no camarote, para fazer alguns telefonemas. Achei mais prudente não arriscar. E imaginei que o paciente iria junto com a turma.

E lá se foram todos. Para minha surpresa, ele ficou para trás, deu meia-volta e retornou. Entrou e me viu ali, sozinho. Tive uma taquicardia. Então se aproximou. Perguntou, com um sorriso irônico, como andavam seus exames da próstata.

Eu fiquei desconcertado! Permaneci calado e me fiz de desentendido. Afinal de contas, a esposa não havia me autorizado a dar a ele qualquer pista sobre o que se passava no consultório. Era um segredo entre nós dois.

Ele sentiu meu nervosismo. Bateu levemente com a mão em meu ombro e disse que eu não me preocupasse. Sabia de tudo. O ritual diário da esposa. Os medicamentos que ela o fazia ingerir com as refeições e tudo mais. Tinha sua própria fonte de informação. Mas fingia que nada sabia.

Falou-me que mantinha silêncio por preocupação com sua mulher. Considerava-a muito frágil emocionalmente. Sem condições para enfrentar a situação e falar abertamente sobre o câncer.

Pediu-me que continuasse tudo do mesmo jeito. Que eu fizesse uma revisão periódica nos exames, que não via problema nisso. Argumentou que se os dois tivessem de conversar sobre o câncer, tinha certeza de que acabariam separados. A vida a dois viraria um inferno. Conhecia bem a mulher e isso ele não queria. Era apaixonado por ela.

Continuei em total silêncio, escutando tudo o que ele dizia. Fiquei na dúvida em responder qualquer coisa, pois assim poderia parecer que eu estaria confirmando o que ele afirmava, e assim denunciaria minha participação na farsa. Queria manter minha promessa.

Ele percebeu meu dilema. E foi gentil. Disse que não me preocupasse. Entendia a ética por trás de meu silêncio. E explicou: "Doutor, para que o plano de minha esposa tivesse êxito, ela necessitava da cumplicidade da cozinheira. E acabou confidenciando tudo a ela, mas a velha sempre fora muito leal a mim. Trabalhara por anos em minha casa, quando eu era solteiro. Desconfiou que minha mulher quisesse me envenenar. Passou-me a bula por baixo da mesa da cozinha e pediu que eu a lesse antes de tomar o primeiro comprimido".

O PAPELZINHO

Não sei se o meu conselho vale para todos, mas acho recomendável que os profissionais de saúde, em especial os médicos, tenham a oportunidade de participar de oficinas que abordem aspectos emocionais de nossa profissão. Havendo necessidade, é importante que possam se submeter a algum tipo de terapia de apoio, para aprender a lidar melhor com os seus sentimentos e o universo psicológico de suas relações.

Eu lembro que, anos atrás, quando passei no exame para a residência médica, encontrei-me com um querido professor da faculdade, que tomava seu tradicional cafezinho no bar em frente à Santa Casa de Misericórdia de Porto Alegre. Ele me viu e, com um sorriso nos lábios, disse que estava muito orgulhoso, pois lera a lista dos aprovados no concurso e me vira na ponta de cima. Recordo que agradeci meio sem entusiasmo.

Após terminar o cafezinho, de saída do bar, com seu jeito carinhoso de sempre, meu professor passou por trás de mim e disse que achara o meu semblante um pouco triste para quem obtivera uma conquista tão importante. E colocou um papelzinho no bolso de meu avental.

Não entendi bem o seu gesto. Olhei-o, surpreso, sem saber o que dizer. Falou que aquele era o seu presente, por eu ter passado de forma tão brilhante no exame de residência. Disfarcei, sem tocar o papelzinho, e fui até o caixa pagar pelo meu café, mas o dono me disse que já havia sido acertado pelo professor.

Caminhei até o meio da pracinha que há ali por perto. Quando me vi sozinho, pus a mão no bolso do avental e retirei o papelzinho. Ele havia rabiscado um número de telefone. Que coisa interessante! Tive a certeza do que se tratava. Sentei-me num banco e resolvi fazer a ligação.

Ouvi uma voz masculina. Falei meu nome e expliquei que quem me dera o telefone fora meu professor. O número era do consultório de um conhecido psiquiatra, também docente de nossa faculdade, com muita experiência no tratamento de médicos em início de carreira. Sem se alongar muito na conversa, ele marcou uma consulta para a semana seguinte.

Que visão a do meu velho professor! Com sua vasta experiência, ele detectara em mim uma incapacidade momentânea de ser feliz. Era a pura verdade! Com a ajuda do psiquiatra, aprendi a lidar melhor com os meus sentimentos. Tornei-me mais seguro em minhas relações. Passei quase um ano fazendo terapia. Até receber alta, num "meio-dia de fim de primavera", como no poema de Fernando Pessoa.

Essa experiência ajudou-me a ser um médico melhor. E uma pessoa mais feliz. Ao longo de minha carreira docente, quando percebo que algum jovem está meio perdido, tento fazer com ele o mesmo que fez comigo o velho mestre. Sou-lhe eternamente grato. O papelzinho que o professor pôs no bolso de meu avental mudou minha vida.

VELHO LOBO DO MAR

Certa vez, fui chamado em um hospital para atender a um juiz de Direito aposentado, com câncer de próstata em fase avançada. A doença já havia causado perda dos movimentos de suas pernas e do controle da urina e das fezes. Segundo os familiares, ele andava muito agressivo, brigando constantemente com a equipe de enfermagem. Expulsara de seu quarto os dois últimos oncologistas que a família havia chamado para examiná-lo.

Entrei em seu quarto, identifiquei-me, mas ele se manteve indiferente à minha presença. Nenhuma palavra. Tentei diversos assuntos, mas continuava impassível. Mudo. Imóvel na cama. Olhando para a parede do quarto.

Fez isso durante minhas três ou quatro visitas subsequentes, o que produzia em mim muito desconforto. Como se eu estivesse falhando como médico. Pensei em desistir de atendê-lo, mas logo me vinha uma sensação de que deveria continuar. O velhinho tinha motivos de sobra para a sua revolta. Estava muito doente. E eu era o médico chamado pela família para cuidá-lo.

Sentei-me na cantina do hospital e pensei longamente sobre a frustração que sentia por minha incapacidade de me comunicar com o paciente. Decidi telefonar para um colega de nome Pedro, psiquiatra experiente, e pedir ajuda. Achei que seria o procedimento correto. Bem melhor do que simplesmente abandonar o caso e fugir da situação.

Expliquei a ele como me sentia e pedi que me acompanhasse na visita seguinte. Minha esperança era de que Pedro me ajudasse a identificar as barreiras que impediam minha comunicação com o juiz. Combinamos que iríamos juntos visitá-lo na manhã seguinte.

Entramos no quarto e eu o cumprimentei, apresentando-lhe o meu colega. Expliquei que eu estava preocupado com o fato de não conseguir estabelecer um diálogo com ele. Isso me impedia de ajudá-lo. Daí a ideia de convidar um colega de minha confiança para me acompanhar na visita. O paciente me olhou nos olhos e nada respondeu.

Pedro tomou a palavra e foi logo falando que compreendia o que ele estava sentindo. Pediu licença para sentar-se mais próximo. Tocou-o, gentilmente, com a mão. O velhinho o ignorou. Mas Pedro insistiu. Argumentou que a única forma de ajudá-lo em relação à sua doença seria entender seus sentimentos. As razões de seu sofrimento e suas necessidades mais prementes.

Mas o cidadão se mantinha impassível. Com o olhar distante e sem dizer nenhuma palavra. Pedro repetia que estávamos ali para ajudá-lo e que o seu silêncio tinha um significado. Ele deveria abrir o seu coração. Deixar fluir a sua revolta. Num certo momento, o paciente olhou-o com raiva e sussurrou, entre dentes, algo como: "É fácil falar para quem não está metido neste nó de marinheiro...".

Eu estava em pé, ao lado da cama, e não compreendi bem o que ele dissera. Mas Pedro, rapidamente, devolveu ao paciente a frase sobre o tal "nó de marinheiro". Ele sorriu e indagou do velhinho se havia sido velejador, pois a expressão que usara só poderia vir da boca de quem conhecia, e muito, a arte da navegação.

Fiquei sem entender nada da conversa. Pedro voltou à carga. Disse que a expressão "nó de marinheiro" era coisa de gente acostumada com as lidas dos barcos. E ficaram olhando um para o outro por alguns momentos, já com certa cumplicidade. E eu, completamente de fora na história.

Para minha surpresa, o velhinho sorriu para o Pedro, com os olhos, meio irônico, dizendo que "para nossa informação, ele havia sido o primeiro gaúcho a fazer a travessia do Rio Guaíba" em uma modalidade de competição de remo, que eu não lembro mais. Ele e outros três rapazes muito conhecidos na cidade, "gente de quem nós não tínhamos ouvido falar, pois éramos moços. Mas os nossos pais ou avós, se eram daqui, haveriam de conhecer muito bem!".

A partir daí, os dois passaram a falar sobre barcos a vela, competições realizadas no Clube dos Veleiros do Sul, Clube Jangadeiros, acabando em uma regata de que o juiz participara e vencera no Uruguai. Eu fiquei completamente de fora da conversa, mas ao ver o entusiasmo com que falava ao Pedro sobre o seu passado de glórias, senti que estávamos conseguindo nos aproximar do velhinho.

Lá pelas tantas, Pedro entrou no assunto de sua internação hospitalar e as coisas que o incomodavam. Disse que a nossa presença ali era para ajudá-lo a viver melhor e combater a sua doença. E que eu teria como tornar a sua vida menos sofrida. Deveria confiar em nós e compartilhar conosco os seus sentimentos.

O velhinho hesitou um pouco, mas resolveu abrir o seu coração. "Que vida era esta?", dizia ele. "Um homem como eu, que passou a vida a dar ordens, um juiz conhecido! Ficar deste jeito que estou! Numa cama de hospital, esperando a morte chegar! E sem autonomia nem para ir ao banheiro fazer as minhas necessidades!". Ele afirmava aceitar o fato de que o câncer iria matá-lo. Não era este o problema. O que mais o incomodava eram as trocas de fraldas, por umas "fedelhas" da enfermagem, "mais jovens que as suas próprias netas!".

Pedro perguntou-me o que poderia ser feito para resolver essa situação específica. Eu respondi que faria algumas modificações em sua prescrição, dando ênfase à questão de sua higiene pessoal. Sugeri que as moças fossem substituídas por uns rapazes muito atenciosos da equipe de enfermagem. O velhinho achou a ideia ótima.

Pedro e eu continuamos a conversa com o juiz, agora num clima bem mais favorável. Perguntamos a ele sobre os tratamentos que fizera e os sintomas que sentia no momento. Meu colega aproveitou e fez alguns elogios à minha pessoa, dizendo que eu havia ajudado muitos de seus pacientes. E sugeriu que confiasse na minha capacidade de ajudá-lo. O velhinho respondia aos seus comentários movendo a cabeça positivamente.

Combinamos que eu retornaria para visitá-lo no dia seguinte, para discutirmos o seu tratamento com mais detalhes. Quando saíamos do quarto, Pedro virou novamente para o paciente e disse que havia sido uma grande honra ter conhecido "um velho lobo do mar!". O senhor retribuiu com um sorriso que, segundo a família, há tempos não dava.

VAIDADE

Nós, médicos, aprendemos que a verdade deve ser dita. O que fundamenta esta conduta é o fato de que as pessoas têm que ter autonomia sobre seu próprio corpo. Precisam saber dos riscos que correm para que possam decidir livremente a respeito do seu destino.

Este conceito pode valer para a maioria das pessoas, mas não vale para todas. Imagino um idoso, um indivíduo frágil, alguém que tenha vivido em um mundo protegido, no qual o sofrimento e a maldade lhe tenham sidos poupados. Um ser humano sem vivências prévias de doença.

Imagino este indivíduo, um belo dia, tendo um desconforto ao respirar. E indo à consulta com seu médico de família. O profissional suspeita de algo em seus pulmões. Solicita uma tomografia do tórax.

Ele retorna ao consultório do médico com o envelope fechado. Entrega o documento e diz, disfarçando a ansiedade, ter certeza de que não há nada de grave. Está até se sentindo melhor. Tomou por sua conta um remédio que o vizinho recomendou.

O médico, que o conhece há anos e sabe de sua fragilidade emocional e total incapacidade de enfrentar as agruras da vida, abre o envelope. Examina as imagens. Trata-se de um câncer de pulmão em estágio avançado. Tenta, cuidadosamente, puxar uma conversa sobre o resultado do exame, mas o paciente não deixa.

Muda de assunto. Diz ter confiança na capacidade do profissional. Que faça o que deva ser feito.

Nestas horas, eu pergunto se nós, médicos, temos o direito de insistir com a conversa sobre o resultado do exame. Com alguém que nos sinaliza tão claramente não querer enfrentar o assunto. Não está em condições de falar abertamente sobre a verdade.

Eu penso que o médico deve ter a capacidade de interpretar a atitude do paciente, devolvendo-lhe somente as informações que julgue adequadas para a situação. Ou seja, aquilo que ele tenha condições de tolerar naquele momento.

Não há quem me convença de que impor uma verdade dura para alguém que não queira enfrentá-la seja uma atitude humana correta. Claro que há exceções. Há momentos em que a verdade deve ser fundamental. Por exemplo, para uma tomada de decisão que possa afetar a vida de outras pessoas.

Um homem que empregue mil funcionários e vá fazer um grande negócio que dependa de sua liderança e experiência, em princípio, merece saber que sua doença poderá matá-lo em dois ou três meses. Mas há maneiras de se fazer as coisas. Mesmo para verdades que devem ser ditas. Há sempre uma forma mais humana e carinhosa de fazê-lo.

Lembro de pacientes idosos para os quais nunca pronunciei a palavra câncer. Porque, a meu juízo, seria intolerável. Há gente que foi estruturada para não falar sobre certos assuntos. Impor-se uma situação dessas para este tipo de pessoa a deixaria muito insegura. Incapaz de manter o controle sobre suas emoções.

Nestas horas, acho correto substituirmos a palavra câncer por algum termo mais tolerável no universo emocional do indivíduo, mas que deixe clara a seriedade da situação e a necessidade urgente de tratamento. Não vejo nenhum crime nisto. Vejo bom senso e humanidade.

Certa vez, procurou-me no consultório um rapaz de uns 35 anos de idade. Ele estava visivelmente perturbado com os resultados de seus exames médicos. Pareceu-me uma pessoa muito frágil. Veio a mim após a cirurgia de retirada de um câncer do intestino. Consultara outro oncologista, que dissera que teria de fazer quimioterapia preventiva por cerca de seis meses.

O rapaz ficara muito nervoso com a situação e, por indicação de um familiar que havia sido meu paciente, resolvera ouvir uma segunda opinião. Revisei os exames e observei que um deles era de dois dias atrás. Portanto, não fora visto pelo outro médico. Ao abri-lo, constatei que revelava importante disseminação da doença. Isso tornava a situação muito mais grave do que inicialmente parecera.

Senti que o paciente estava apreensivo com a recomendação do médico. Tinha enorme medo da quimioterapia. Estava realmente muito inseguro. Naquele momento, optei por não discutir com ele o resultado ruim do novo exame. Seria um excesso de más notícias ao mesmo tempo para aquele jovem já angustiado pelas informações que recebera.

Achei melhor discutir os novos resultados na consulta seguinte. Combinei um retorno dentro de três dias, acompanhado de um familiar em quem tivesse confiança. Usei como desculpa que teria mais tempo para analisar a documentação. Explicaria tudo na próxima vez. Ele concordou e disse que viria com sua irmã.

No outro dia, a irmã me telefonou. Disse que achara uma ótima ideia ir junto na consulta. O irmão fazia tratamento psiquiátrico e tinha uma relação muito próxima com ela.

Na data marcada, expliquei tudo novamente a ele, agora na presença da irmã. Falei da necessidade da quimioterapia e, com sutileza, fiz a moça perceber que o exame mais recente era uma razão adicional para que não perdêssemos mais tempo. E enfatizei que o tratamento sugerido pelo colega estava correto.

O jovem disse que estava mais tranquilo. Perguntou se eu o aceitaria como paciente, caso decidisse mudar de médico. Respondi que seria uma honra tratá-lo, mas não haveria razão para isso, pois as recomendações feitas pelo colega eram todas corretas. E eu o conhecia muito bem. Era um profissional altamente capacitado. No entanto, se ele quisesse, poderia comentar que viera consultar comigo e eu concordara com a conduta. E mandava um abraço.

Eles saíram satisfeitos. Disseram que procurariam o outro médico. Entretanto, na mesma noite, a irmã me telefonou. Falou que notara que eu omitira, voluntariamente, informações sobre o último exame e a gravidade da doença. Expliquei que seu irmão parecera um tanto frágil emocionalmente naquele momento. Eu optara por dar-lhe, por ora, dados assimiláveis naquelas circunstâncias. Que planejara contatá-la para falar sobre a gravidade da doença do irmão. Era incurável e necessitava tratamento o mais rápido possível. Ela agradeceu e se despediu.

Dois dias depois, minha secretária me telefonou, dizendo que o rapaz ligara para o consultório aos prantos. Pedia um horário comigo, se possível naquele mesmo dia. Ele veio novamente acompanhado da irmã. Pareciam desesperados. O jovem não conseguia articular uma frase inteira. Tremia as mãos e intercalava períodos de choro entre as palavras.

Procurei acalmá-lo. A irmã explicou que a consulta com o outro médico fora um desastre. Disse que informaram a ele que o irmão buscara uma segunda opinião. Haviam conversado comigo e eu concordara com sua conduta, inclusive fizera elogios ao seu trabalho.

Entretanto, a informação de que haviam consultado outro especialista deixara o médico visivelmente irritado. Segundo a irmã, ele fora gentil ao recebê-los, mas mudara totalmente de fisionomia quando foi informado sobre a consulta comigo. A partir de então, o profissional passara a responder às suas indagações de forma monossilábica, em tom quase raivoso.

Mesmo deixando explícito que seguiriam o tratamento com ele e não comigo, o médico ficara transtornado. Repetira várias vezes que, se estavam inseguros e não confiavam nele, poderiam ir tratar com quem quisessem. Para ele era a mesma coisa.

O rapaz, coitado, tentara se desculpar, dizendo que a ideia de buscar uma segunda opinião fora da família, não dele. E não se tratara de algo pessoal. Tinham-no em alta conta. Era para que os familiares se sentissem mais seguros.

Mas nada o acalmara. O doutor fora agressivo, a ponto de dar detalhes sobre o prognóstico da doença. De forma sádica e ameaçadora. A irmã lhe fazia sinais com os olhos para que parasse, mas ele não lhe dava atenção. Continuava a descrever de forma implacável, quase vingativa, a gravidade do caso e sua incurabilidade. Dizia que, daquele momento em diante, "lavaria as mãos!". Segundo ela, o médico parecia uma criança que fora contrariada.

Tentei contemporizar a situação. Expliquei que talvez o colega tivesse se expressado de forma equivocada. Tivera um mau momento durante a consulta. Mas o rapaz disse que não iria mais lá. E perguntou se eu poderia cuidar dele. Respondi que sim. Que ficasse tranquilo. Eu contataria o colega na sequência e esclareceria sua decisão.

Penso nas motivações que levaram o médico a ficar irritado com o paciente. Simplesmente por este ter ouvido a opinião de outro profissional. Nós somos, em essência, cuidadores. Para isso, é necessário ter compaixão e colocar-se na posição do outro.

O tal médico voltara-se tanto para sua própria vaidade que a segunda opinião fora recebida por ele como uma bofetada. Um questionamento à sua competência. Cuidem-se bem, doutores, se um sentimento desse tipo passar por suas mentes!

COMO MEU AVÔ

Eu levava comigo um grupo de alunos de Medicina na visita aos pacientes internados no hospital. Começamos por conversar com uma senhora com câncer de mama, que fora internada por infecção respiratória dias após a quimioterapia. Estava bem melhor com os antibióticos e perguntava se poderia ir para casa. Respondi que sim.

Fomos ver outro paciente no mesmo andar. Era um homem de uns setenta e cinco anos em fase terminal de sua doença. Havia sido encaminhado para minha equipe por um colega do interior, meu contemporâneo dos tempos de faculdade.

O colega relatara que estava com muita dificuldade em controlar a dor do paciente e pedira o meu auxílio para que cuidássemos melhor de sua qualidade de vida em seus momentos derradeiros.

Entrei no quarto com os alunos. Cumprimentei uma senhora de trajes simples, sentada em uma cadeira ao lado da cama. Era familiar do paciente. Saudei-o e ele retribuiu com um discreto sorriso. Parecia um pouco sonolento devido aos efeitos dos analgésicos que eu solicitara que o plantonista da noite prescrevesse.

Era um homem negro, cabelos brancos, encaracolados, fisionomia sofrida e muito emagrecido. Quase moribundo. Em seu braço esquerdo, esquelético, corria um soro com medicamentos. A cena era muito triste. Como o prenúncio da morte, que não tardaria.

Sentei-me ao pé da cama e tentei conversar com ele. O paciente apenas me olhava, quase sem forças. Tinha um ar de resignação no olhar. Como a me dizer que sabia não haver nada mais a ser feito.

Enquanto o examinava, observei que dois alunos, que estavam em pé, atrás de mim, trocavam beliscões nas nádegas, como fazem, às vezes, os rapazes quando estão de brincadeira.

Quase não acreditei. Mas decidi completar o meu exame. Disse umas palavras de alento ao paciente, reafirmando que os medicamentos garantiriam que não tivesse mais dor. Despedi-me da familiar que o acompanhava e saí do quarto. Os alunos me seguiram.

Pensei em visitar o próximo paciente de nossa lista, mas a brincadeira dos dois alunos, que surpreendi com o canto dos olhos, não combinava com a cena de dor e sofrimento que acabáramos de presenciar. Pedi, então, que me acompanhassem até o meu gabinete.

Acomodei-os em torno de minha mesa. Disse-lhes que ficara chocado com o fato de que alguns deles brincavam de trocar beliscões no traseiro enquanto testemunhávamos os últimos dias de vida de uma pessoa. Desejava discutir as razões que levariam um ser humano a ficar tão indiferente ao sofrimento de outro.

Eles ficaram em silêncio. Uma aluna esboçou um ar de surpresa, sem entender o que estava acontecendo. Continuei sem dizer nenhuma palavra, esperando por uma reação deles. Outro estudante sorriu, nervosamente, perguntando o que havia de fato ocorrido.

Expliquei que nossa reunião não tinha caráter punitivo. Que não se preocupassem. Era simplesmente uma conversa que achava importante. Um segredo entre nós. Só queria saber se alguém poderia me dizer o que levaria um ser humano a ficar indiferente ao sofrimento de outra pessoa. Como aquele pobre homem, que visitáramos há poucos minutos. Eles continuaram quietos. Continuei esperando por uma resposta.

Em um dado momento, um dos alunos que trocaram os beliscões começou a chorar. Os colegas olharam para ele com ar de espanto. "Eu não sei o que deu em mim, professor. Desculpe-me. Eu acho que foi muito errada a minha atitude. Não tem explicação o que eu fiz", disse, secando as lágrimas. O seu parceiro dos beliscões acrescentou: "Foi uma atitude de criança, professor. Peço desculpas. Não vai acontecer nunca mais".

Pedi que se tranquilizassem. Não buscava culpados. Estava interessado em discutir com eles as razões que levariam a este tipo de comportamento em situações tristes. Expliquei que minha função de professor não era somente transmitir conhecimentos científicos. Meu dever era prepará-los para a carreira médica e para a vida.

Um deles tomou a palavra e falou que talvez sua atitude tivesse a ver com a situação que vivia em casa. O seu avô falecera havia poucas semanas. Fora uma pessoa fundamental em sua vida. Desde pequeno, era o avô quem o protegia nas brigas com o pai. Sentia uma saudade enorme dele.

Eu ponderei que talvez as coisas tivessem mesmo relação. Quem sabe, o paciente o lembrasse do avô. Era velhinho. Comentei que não era fácil para ninguém, mesmo para mim, que tinha mais experiência, ver um vovozinho morrer. Afinal, aquele senhor deveria ser avô de alguém.

Uma das alunas pediu a palavra e comentou que, muitas vezes, torcera para que o seu paciente não estivesse no quarto quando ela fosse visitá-lo. Era como se ficasse livre do peso de ter de enfrentá-lo. Tinha muita dificuldade em conversar com os doentes. Eles mexiam com os seus sentimentos.

Perguntei se ela identificava alguma razão para querer fugir dos pacientes. Ela mexeu a cabeça e falou que achava a situação muito angustiante. E concluiu dizendo que os pacientes de nossa equipe tinham câncer. "Imagine se eu me apego a algum deles e, na outra semana, ele já não está mais lá no quarto. Morreu...", desabafou.

Outro aluno ponderou que o fato de tratar-se de um velhinho quase moribundo poderia ser a causa da atitude do colega. Era mais ou menos da idade do falecido avô. E isso poderia deixá-lo angustiado. Perguntei o que o grupo achava do comentário. Eles concordaram.

Expliquei que nós nos identificamos com o sofrimento dos outros. Se fosse um paciente da idade deles, com um câncer incurável, a situação os faria lembrar que eles também são mortais. Um sentimento difícil de lidar.

Disse que nossa conversa fora muito importante. Eles deveriam refletir sobre o que aconteceu. A atitude dos colegas não fora casual. E sim fruto da angústia provocada pela cena triste de alguém à beira da morte. A brincadeira fora para fugir de uma situação que lhes causara desconforto.

Expliquei que médicos de verdade desenvolvem mecanismos que os tornam mais atentos a esses fenômenos. Meu objetivo fora ensiná-los a identificar barreiras que pudessem comprometer sua relação com os pacientes. Trabalhando esses sentimentos, seriam médicos mais competentes e seres humanos mais ricos.

Descemos juntos até a entrada do hospital. Um dos protagonistas da cena dos beliscões sorriu para mim e disse: "Só no trajeto que fizemos de sua sala até aqui, identifiquei pelo menos outras cinco atitudes que tomo para fugir de meus enfrentamentos...".

MEDICINA NA INTERNET

Nos tempos em que fiz a Faculdade de Medicina, os professores eram vistos como deuses. Eles detinham todo o conhecimento. Sabiam de tudo. Iam aos congressos, traziam as novidades. Nós, alunos, ficávamos maravilhados com suas demonstrações de erudição.

Lembro que as antigas enfermarias eram dirigidas por professores catedráticos da faculdade. Com a reforma universitária, extinguiram-se as cátedras e implantaram-se os departamentos.

Eu fico pensando como seria a vida daqueles professores nos dias de hoje. Nos tempos em que os alunos estão na sala de aula com seus laptops e iPhones. E, quase na velocidade da luz, trazem informações pela internet, muitas vezes mais atualizadas do que as apresentadas por seus mestres nas aulas.

Há alguns meses, tive de resolver uma acalorada discussão entre alunos da graduação e um docente de nossa faculdade. Indignados, os graduandos vieram a mim para reclamar do comportamento agressivo do professor, que pedira que um deles se retirasse da sala ao notar que o jovem acessara pela internet informações sobre pesquisa que ele comentava em aula.

Segundo eles, a coisa pegara fogo quando o aluno pedira a palavra para dar detalhes sobre os resultados do estudo científico que o professor apresentava aos alunos. Aparentemente, o jovem o fizera na melhor das intenções. Obtivera dados disponibilizados no dia anterior sobre a pesquisa mencionada, acessando a internet, por meio de seu iPhone, durante a aula.

O aluno tentou se desculpar, explicando que não o fizera com o intuito de ofendê-lo. Simplesmente, desejara enriquecer a discussão. Mas não houve jeito. O professor ficara indignado, a ponto de repreendê-lo e ele próprio bater a porta, deixando a sala de aula aos resmungos.

A coisa chegou a mim por meio de uma comissão de representantes dos alunos. O interessante é que os meninos tinham argumentos convincentes. Eles apreciavam a aula e cultivavam muito respeito pelo professor. O tema proposto era tão palpitante que alguns resolveram obter dados mais recentes sobre a pesquisa. E realmente havia. Daí, a iniciativa de um deles em trazer informações ao grupo durante a explanação.

Imagino que, para um professor que se sinta detentor do conhecimento e conceda a si mesmo o poder do que vai ou não compartilhar com seus alunos em sala de aula, essa situação deva ser um inferno. Com que direito o estudante se atreveria a revelar, publicamente, que há coisas que o mestre pode não saber! Afinal, é ele quem tudo sabe!

Terrível engano. Aviso aos navegantes: os tempos mudaram! O conhecimento já não é mais propriedade exclusiva do professor. Se antes ele detinha as informações e era o porta-voz da novidade, a informática universalizou o acesso à informação. O aluno, em um minuto, pode entrar em um site e obter dados mais recentes sobre qualquer tema.

E como fica o educador? Onde fica a mágica do ensino? De onde tirará a fórmula para que os alunos o admirem, respeitem e sintam que sua aula será de valia em sua formação profissional? Como o "velho" professor garante que seu papel de educador continuará vivo?

O mestre dos nossos tempos deve se adaptar à nova realidade. Se os alunos podem dispor de quaisquer informações em segundos, os professores, por sua vez, podem ajudá-los a avaliar quais delas são mais ou menos importantes. Usar sua experiência e conhecimento. Atuar como mediador entre o aluno e a informação. Qualificá-la, dar-lhe a hierarquia correta.

Se o estudante acha que sabe lidar com pacientes apenas lendo o que está nos livros e na internet, está redondamente enganado. Medicina é ciência e arte. O professor de verdade ensina o valor da ética e da postura correta em nossa profissão. Serve de guia. Mostra ao discente o bom uso do conhecimento. E como aplicá-lo em meio aos demais atributos necessários à boa prática médica.

Eu não tenho medo deste novo tempo. Acho que minha estratégia está correta. Aceito o fato de que sou um professor de Medicina do ano de 2020. E não mais aquele dos anos 1990. Meu papel não é mais o de fonte do saber. Sou hoje um mentor, uma espécie de filtro inteligente deste mundo de informações que invade os computadores dos jovens. Uso a minha experiência para dar-lhes uma visão mais crítica. E, assim, os ajudo a identificar o que parece mais importante em sua formação.

Suponho que essa transição possa ser dolorosa para aqueles docentes que ainda queiram ser vistos como detentores do saber. Não mais o são. A informação está na nuvem. Não escondida em seu gabinete e sob total controle. O conhecimento se tornou mais democrático.

Os mais saudosistas, dos tempos em que nós líamos os grandes autores, podem ficar tranquilos. Os jovens continuam lendo, e muito. Mas fazem também outras coisas. Quem lia nos tempos antigos? Apenas os privilegiados. A massa da população não tinha acesso a quase nada da cultura mais trabalhada.

Hoje, qualquer pessoa com um mínimo de escolaridade, por mais pobre que seja, tem a chance de ter alguém na família capaz de buscar uma informação pela internet. Eu vejo isso nos atendimentos que faço pelo SUS. Não raro, o paciente traz na consulta um familiar mais jovem, com a cópia de um artigo sobre a doença. Tirada do computador. Em outras palavras: os tempos mudaram. A informação se universalizou e nós temos de nos adaptar a isso.

Não é apenas na sala de aula que ocorreram mudanças. A relação médico-paciente mudou. Da mesma forma que o professor deve aprender a tolerar o fato de que não é mais o proprietário da informação, também o médico deve adaptar-se ao fato de que o paciente poderá contestá-lo, com base em dados obtidos em alguma fonte que ele não domina ou desconhece.

Isso não é nenhuma tragédia. Simplesmente é um sinal dos tempos. Nosso novo papel é dar sentido às informações, criticá-las, hierarquizá-las e, com o benefício de nossa experiência, recomendar o melhor caminho. Dispor de um cardápio rico em dados é parte dessa nova maneira de ser. Ficar emburrado ou sentir-se desmerecido por algum comentário que exponha nossa ignorância é um erro estratégico. O melhor é deixar fluir a informação. E avaliá-la criticamente. Sem dar ares de fiéis depositários de verdades absolutas.

Essas reflexões não valem apenas para o ensino da Medicina ou tratamento dos pacientes. Servem também para a maneira como lidamos com a insubordinação que, às vezes, transparece em nossos filhos. Não sejamos injustos. Eles não são petulantes ou desobedientes. São jovens de hoje.

CORAÇÕES GENEROSOS

Tive a honra de acompanhar, a certa distância, o atendimento de um jovem brilhante, de uns vinte e poucos anos, que havia sido tratado, com sucesso, pela equipe de oncologia pediátrica em nosso hospital.

Era portador de um tipo de câncer mais raro. Durante seu tratamento, ele participara ativamente das atividades filantrópicas realizadas pelo pessoal do hospital. Mesmo tempos depois do término de uma de suas internações, continuava a apoiar nossas atividades. Era uma pessoa realmente iluminada.

Um dia, encontrei-o no elevador do hospital carregando uma pilha de livros, recém-saídos do prelo. Perguntei do que se tratava. Com orgulho, ele disse que escrevera um relato no qual contava suas experiências com a doença. Seu objetivo era dar sugestões aos pacientes sobre como poderiam lidar com as complicações do tratamento. A renda a ser auferida com a venda da obra seria doada à instituição.

Infelizmente, tempos depois, sua doença retornou. E ele teve de realizar novos tratamentos. Apresentou várias complicações e acabou falecendo. Para nossa surpresa, quando soube que não teria chance de sobreviver, o jovem combinou com a família que doaria seus objetos pessoais ao hospital.

Dizia sentir-se muito agradecido pelo carinho e qualidade do atendimento recebido da equipe médica. E desejava retribuir. Soubera que muitos de seus objetos pessoais poderiam ser úteis aos demais pacientes. Os jovens internados no hospital gostavam de usar seu computador. Decidira deixar o equipamento com eles quando partisse.

Foi exatamente o que sua família fez após seu falecimento. E não fizeram somente isso, mas muito mais. Os pais continuaram atuando como voluntários em várias atividades para arrecadar fundos para o tratamento de pacientes com câncer. Ajudaram o hospital a obter doações, funcionando como verdadeiros conselheiros honorários de nossa instituição.

Certa vez, o pai procurou um de meus colegas e disse que o filho tinha um apartamento em seu nome. E, antes de morrer, dera instruções ao pai para que vendesse o imóvel e doasse o valor ao hospital. E assim foi feito.

O tempo foi passando e a família sempre nos apoiando. Decorreram alguns anos. Um dia, um de meus colegas recebeu um telefonema do pai do rapaz informando que tinha uma boa notícia. Decidiram organizar as finanças da família e fazer a divisão de seus bens, mas consideraram também a parte que caberia ao filho falecido.

Como imaginavam ser seu desejo, a parte que coubera a ele seria também doada ao hospital. Poder-se-ia contar com este recurso já no mês seguinte. Hoje, essa verba mantém um programa de pesquisa de âmbito nacional sobre novos tratamentos exatamente contra o tipo de câncer que acometera o filho daquela família tão generosa.

Há gente maravilhosa por aí! Indivíduos que conseguem transformar sua infinita dor em alívio para o sofrimento dos outros. São seres humanos que acham injusto transferir suas chagas aos que os cercam, convertendo o seu martírio na felicidade dos demais. Corações generosos que guardam seu incurável sofrer sem ficar petrificados. Sendo ainda capazes de amar e ter compaixão pela dor das demais pessoas.

MÉDICO DE VERDADE

Esta história deve ter acontecido há mais de vinte anos. Recebi um telefonema de um colega do interior no meio da noite. Ele parecia assustado. Falou-me que um de seus pacientes, a quem eu havia tratado uns dois anos antes, estava sendo transportado em uma ambulância para o nosso hospital.

Ele estava muito bem do câncer. Sem nenhum sinal de recaída da doença. Entretanto, naquela manhã, tivera uma hemorragia digestiva, vomitando bastante sangue vivo. A família, muito apreensiva, solicitara que fosse imediatamente transferido para Porto Alegre.

Como o paciente apresentara excelente resposta ao tratamento do câncer, os familiares depositavam muita confiança em mim. Por essa razão, solicitaram ao médico que fizesse contato, para que eu assumisse o atendimento durante a hospitalização.

A ambulância chegou quase à meia-noite. Na avaliação do paciente, no setor de emergência, concluiu-se que ele deveria ser operado imediatamente, pois o sangramento persistia, em grandes volumes, a despeito dos tratamentos realizados. O diagnóstico era de úlcera no duodeno.

Chamei um cirurgião para operá-lo. Ele veio imediatamente. E lá fomos os dois para o bloco cirúrgico. A cirurgia se iniciou cerca de uma hora da manhã. O sangramento era muito intenso e o paciente começara a apresentar queda na pressão arterial. Em vista disso, foi feita uma transfusão de sangue e iniciou-se logo a operação.

Mas o homem não parava de sangrar. Resolvi telefonar para meu amigo e colega de turma, doutor Tovar, com quem sempre contei nesses casos em que um bom clínico se faz necessário. Tovar saiu de casa na zona Sul de Porto Alegre e em trinta minutos estava no bloco cirúrgico. Sempre teve este jeito. Desde a faculdade. Podia-se contar com ele para qualquer coisa.

Ele trocou ideias conosco, deu uma olhada no monitor e examinou o paciente. Depois, instruiu a enfermeira para que pedissem mais sangue. O cirurgião continuava focado no procedimento. Tovar sentou-se ao meu lado e disse que o fundamental seria fazer a reposição do volume de sangue perdido, mantendo o paciente estável até que fosse controlado o sangramento.

Ficamos conversando, baixinho, na sala de cirurgia por mais meia hora. O cirurgião fazia comentários sobre o andamento da operação. Por solicitação do Tovar, a enfermeira conversara, por várias vezes, com o pessoal do banco de sangue. O problema era o tipo sanguíneo do paciente. Era daqueles mais raros.

O médico do banco de sangue informara que, naquele momento, não dispunha de mais bolsas de sangue compatíveis com o paciente. Fizera contato com outros hospitais, mas ainda não recebera nenhuma confirmação.

Pedi, então, que a enfermeira perguntasse se havia algum familiar na sala de espera. Disseram que sim. Fui até lá e solicitei que contatassem potenciais doadores.

Fiquei envolvido com esse assunto por quase uma hora. O único familiar que estava por lá foi procurar doadores entre os motoristas de táxi e pôs um anúncio na rádio. A essa altura, eram mais de duas horas da madrugada. Voltei ao bloco cirúrgico. O cirurgião falou que o procedimento chegava quase ao fim. A hemorragia estava praticamente controlada. O paciente resistira bem.

Haviam feito mais uma bolsa de sangue. A pressão arterial melhorara e o paciente urinara normalmente. Sentei-me, aliviado. E dei pela falta do Tovar. Pensei: "Ele deve ter ido para casa. Fez sua parte. A coisa estava na mão do cirurgião e do médico do banco de sangue". Fiquei por ali, aguardando o término da cirurgia.

Vinte minutos depois, Tovar reapareceu na sala de cirurgia. Fiquei surpreso em vê-lo novamente. Falei-lhe que o imaginava de pijamas em casa, dormindo tranquilamente. Sorriu e respondeu que tivera de fazer uma visita ao banco de sangue. Era do mesmo tipo sanguíneo necessário na cirurgia. Olhou para o líquido que pingava na veia do paciente e disse: "Este sangue que está correndo aí veio de dentro do meu corpo. Vai dar sorte para ele…". Eu e todos os que estavam ali ficamos emocionados.

A cirurgia terminou bem. Fomos tomar um café com biscoitos para comemorar a missão cumprida. Como sempre, Tovar contou para o cirurgião e o anestesista algumas de nossas antigas histórias dos tempos da faculdade. Rimos um pouco e nos despedimos.

Lá pelas cinco da manhã, o paciente já havia sido transferido do bloco cirúrgico para a sala de recuperação. No dia seguinte estava tão bem que foi levado direto para o quarto. Saiu do hospital em uma semana, novinho em folha.

Durante a internação, contei ao paciente que Tovar lhe havia doado o próprio sangue. Ele se emocionou e quis muito conhecê-lo. Queria também acertar seus honorários profissionais. Afinal, ele havia saído de casa no meio da noite para atendê-lo.

Eu disse que teria de ser depois. Tovar e a esposa haviam viajado no dia seguinte à cirurgia. Ele participaria de um congresso nos Estados Unidos. Deixei com o paciente o telefone de seu consultório.

Tovar fora sempre assim. Pensava primeiro nas pessoas. O dinheiro vinha depois, se viesse. Pena o paciente ir para casa sem conhecer este belo ser humano que contribuiu com o próprio sangue para salvar-lhe a vida.

Um jornalista perguntou ao doutor Ciro Martins se ele temia a morte. Ele respondeu: "A gente neutraliza o instinto de morte com o instinto de vida".

Sobre o autor

Gilberto Schwartsmann é médico oncologista, professor titular da Faculdade de Medicina da Universidade Federal do Rio Grande do Sul (UFRGS), membro da Academia Nacional de Medicina e ex-presidente da Academia Sul-Rio-Grandense de Medicina. Preside a Fundação Bienal de Artes Visuais do Mercosul em 2020. É patrono do Instituto Zoravia Bettiol e membro do Conselho da Fundação Iberê Camargo. Recebeu o Prêmio Eva Sopher de Destaque Cultural, da Fundação Theatro São Pedro, e o Prêmio Especial Açorianos – Artes Plásticas, da Secretaria da Cultura da Prefeitura Municipal de Porto Alegre. É autor de livros médicos e, além de *Frederico e outras histórias de afeto* (contos, Libretos, 2013), escreveu *Meus olhos* (contos, 2019) e *Acta Diurna* (crônicas, 2020), ambos pela editora Sulina. Nasceu em 18 de agosto de 1955 na cidade de Passo Fundo, no Rio Grande do Sul, Brasil.

Frederico e outras
Histórias
de Afeto

Livro editado em Utopia cp 11/15 pela Libretos
e impresso sobre papel off white 80 g/m²
pela gráfica Pallotti de Santa Maria/RS
em junho de 2020 (1ª reimpressão).